面向流程制造行业的工业大数据分析

张 晨 蒋若宁 黄国杰◎著

电子工业出版社
Publishing House of Electronics Industry
北京·BEIJING

内 容 简 介

本书以大数据和人工智能技术为主线，重点探讨其在石油石化、化工、制药、电力、钢铁等流程工业中的创新应用。自 2020 年出版以来，人工智能技术迅猛发展，正在深刻改变传统流程工业的运作模式和竞争格局。AI 技术的新特色在于其强大的跨领域能力，能够在学习、理解和创造任务中解决复杂问题。这种能力不仅提升了自动化和效率，还加速了产品和服务的创新，提高了生产效率和产品质量。更为重要的是，AI 正在催生新的商业模式和行业标准。鉴于这些变革，作者对原书进行了改版，增加了人工智能在科研和工程中的应用实例，为流程工业界的研究人员、管理者和技术专家提供了宝贵的学习材料，助力其在数字化转型中抓住机遇。

未经许可，不得以任何方式复制或抄袭本书之部分或全部内容。
版权所有，侵权必究。

图书在版编目（CIP）数据

面向流程制造行业的工业大数据分析 / 张晨等著.
北京：电子工业出版社，2024. 10. -- ISBN 978-7-121-49061-3
Ⅰ．F407.4
中国国家版本馆 CIP 数据核字第 2024D947M2 号

责任编辑：刘志红（lzhmails@163.com）　　特约编辑：魏　悦
印　　刷：北京建宏印刷有限公司
装　　订：北京建宏印刷有限公司
出版发行：电子工业出版社
　　　　　北京市海淀区万寿路 173 信箱　邮编：100036
开　　本：787×1 092　1/16　印张：13　字数：332.8 千字
版　　次：2024 年 10 月第 1 版
印　　次：2025 年 9 月第 3 次印刷
定　　价：98.00 元

凡所购买电子工业出版社图书有缺损问题，请向购买书店调换。若书店售缺，请与本社发行部联系，联系及邮购电话：（010）88254888，88258888。
质量投诉请发邮件至 zlts@phei.com.cn，盗版侵权举报请发邮件至 dbqq@phei.com.cn。
本书咨询联系方式：18614084788，lzhmails@163.com。

PREFACE 前　言

　　20 世纪 80 年代，美国未来学家阿尔文·托夫勒的划时代巨著《第三次浪潮》出版。在该书中，作者把人类文明进步划分为三次浪潮：第一次浪潮追溯到人类农耕文明的开始；第二次浪潮发端于 18 世纪 60 年代的英国，随着蒸汽机的呼啸，人类进入工业文明；第三次浪潮则是以计算机科学为代表的自动化、智能化的时代。当前全球正处于信息技术迅猛发展及信息化快速普及并创新扩散的时期。世界主要国家均把信息化发展战略作为国家发展战略的重要组成部分，纷纷制定信息化战略和政策，加快深化信息技术的应用，注重通过数字化创新应用培育新业态、新行业。全球经济社会已然进入了一个全新的数字化驱动创新变革的时代！

　　以石油石化、化工、制药、电力、钢铁为代表的流程工业是关系国家经济命脉和保障国家能源安全的重要行业。近年来，中石化、中石油、万华化学、华谊化工、国家电网、宝武钢铁等国内流程工业领头者，紧跟全球数字化步伐，以数字化赋能主营业务提质增效，以不同形式、在不同方面上开展了数字化和智能化建设，加快推进数字化油田、智能炼厂、智慧电网、智慧炼钢等建设。由于流程工业具有连续性和复杂的物理或化学变化，人类在生产实践中很早就意识到仅仅依靠人力的判断和控制是无法驾驭其工业流程的，因此自动化最早就出现并应用于流程工业。而随之而来的信息化又与流程工业自动化互相交织融合，形成了 IT 信息技术与 OT 自动化技术协同发展的局面。在这一过程中，流程工业企业积累了大量的数据。互联网的飞速发展促使计算能力呈几何级数提升，为大数据提供了应用基础。全球化市场的激烈竞争推动了流程工业企业对于供应链、生产、市场的模式变革，这又为人工智能提供了应用场景。可以说，流程工业发展到今天，如果不掌握大数据技术，不培养人工智能人才，就无法继续生存和迎接挑战了。

　　本书以大数据、人工智能技术为主线，逐一阐述石油石化、化工、钢铁、电力为代表的流程工业的大数据创新，并详细阐述了大数据分析在流程工业中的应用、案例和今后趋势，为广大的流程工业界研究人员、企业管理者、工程技术专家提供了不可多得的涵盖数字化转型、大数据、人工智能赋能流程工业的学习资料。

　　本书初版在 2020 年出版后，得到了很好的反响。近年来，大数据技术得到了长足的发展，与此同时，人工智能的快速发展对传统流程工业造成了深远的影响，这种影响不仅仅体现在自动化和效率提升上，更重要的是它正在根本性地改变行业的运作模式、价值创造过程以及竞争格局。人工智能的特点在于，其能够执行任何智能生物通常可执行的学习、理解和创造任务，这意味着它可以跨越不同领域，解决复杂问题，促进创新和优化决策过程。这不仅加速了产品和服务的创新，提高了生产效率和质量，还可能导致新的商业模式和行业标准的出现。可以说"奇点"已来！

正是看到了这些，编者对原书做了改版，增加了人工智能在流程工业科研和工程中的创新应用等内容，供读者参考学习。

编者

2024 年 6 月

目 录

第1章 流程工业智能制造与数字化转型 ... 001

1.1 流程工业数字化转型战略 ... 002
1.1.1 流程工业概述 ... 003
1.1.2 流程工业数字化转型的需求 ... 004
1.1.3 中国流程工业数字化规划 ... 007
1.1.4 各国流程工业数字化的差异和启示 ... 009

1.2 大数据分析和数字化转型的关系 ... 010
1.2.1 大数据的内涵 ... 010
1.2.2 大数据和人工智能的关系 ... 011
1.2.3 工业大数据与流程工业智能化 ... 012

1.3 人工智能在流程工业科研和工程中的战略意义 ... 016
1.3.1 人工智能在科学研究中的重要作用 ... 016
1.3.2 人工智能在工程建设中的重要作用 ... 017

第2章 工业大数据分析基础 ... 020

2.1 工业大数据治理 ... 020
2.1.1 工业大数据应用面临的挑战 ... 020
2.1.2 应对方法 ... 022

2.2 流程工业大数据治理案例 ... 023
2.2.1 跨国石油公司大数据治理 ... 023
2.2.2 国内石油公司大数据治理 ... 029

2.3 大数据采集技术 ... 035
2.3.1 Apache Sqoop ... 035
2.3.2 Apache Flume ... 036
2.3.3 Gobblin ... 037

2.4 人工智能的概念 ... 039
2.4.1 机器学习 ... 040
2.4.2 神经网络 ... 041
2.4.3 深度学习 ... 042

		2.4.4 自然语言处理	043
		2.4.5 多模态技术	045
		2.4.6 生成式人工智能和人工智能大模型	046
	2.5	人工智能与大数据的关系	047
		2.5.1 人工智能的数据基础	048
		2.5.2 大数据的二次挖掘	049

第3章 天然气开发行业的大数据分析 ... 051

3.1	天然气开发行业信息化现状	051
3.2	天然气开发行业的大数据分析需求	053
3.3	天然气开发行业的大数据来源与特点	055
3.4	天然气开发行业的大数据解决方案	055
	3.4.1 大数据获取	055
	3.4.2 大数据监控	056
	3.4.3 大数据可视化	057
3.5	天然气开发行业的大数据分析方法	058
	3.5.1 天然气开发风险预防性分析方法	058
	3.5.2 设备性能退化分析方法	060
3.6	天然气开发行业的大数据分析案例	061
	3.6.1 应用场景	061
	3.6.2 天然气水合物大数据预测应用案例	065
	3.6.3 压缩机故障大数据预防性监控应用案例	066
	3.6.4 换热器早期泄漏大数据监控应用案例	068
3.7	总结	070

第4章 炼油化工行业的大数据分析 ... 071

4.1	炼油化工行业信息化现状	071
4.2	炼油化工行业的大数据分析需求	073
	4.2.1 油田勘探与生产制造环节	073
	4.2.2 研发设计环节	075
	4.2.3 市场营销与售后服务环节	076
	4.2.4 HSE 评价体系的需求	076
4.3	炼油化工行业的大数据来源与特点	078
	4.3.1 炼油化工行业的大数据来源	078
	4.3.2 炼油化工行业的大数据特点	078
4.4	炼油化工行业的大数据解决方案	080

4.4.1　炼油化工企业存在的问题 ·· 080
	4.4.2　工业大数据平台架构方案 ·· 080
4.5　炼油化工行业的大数据分析方法 ·· 083
4.6　炼油化工行业的大数据分析案例 ·· 084
	4.6.1　应用场景 ·· 084
	4.6.2　应用案例 ·· 085
4.7　总结 ·· 086

第 5 章　化工行业的大数据分析

5.1　化工行业信息化现状 ·· 088
5.2　化工行业的大数据分析需求 ·· 089
5.3　化工行业的大数据来源与特点 ·· 090
5.4　化工行业的大数据解决方案 ·· 091
5.5　化工行业的大数据分析方法 ·· 092
5.6　化工行业的大数据分析案例 ·· 094
	5.6.1　应用场景 ·· 094
	5.6.2　应用案例 ·· 102
5.7　总结 ·· 115

第 6 章　钢铁行业的大数据分析

6.1　钢铁行业信息化现状 ·· 118
6.2　钢铁行业的大数据分析需求 ·· 118
	6.2.1　经营管理与生产管理的需求 ·· 118
	6.2.2　技术进步与发展的需求 ·· 119
6.3　钢铁行业的大数据来源与特点 ·· 120
6.4　钢铁行业的大数据解决方案 ·· 122
6.5　钢铁行业的大数据分析方法 ·· 124
6.6　钢铁行业的大数据分析案例 ·· 127
	6.6.1　应用场景 ·· 127
	6.6.2　应用案例 ·· 129
6.7　总结 ·· 139

第 7 章　电力输电线路运维的大数据分析

7.1　电力输电线路运维信息化现状 ·· 140
7.2　电力输电线路运维的大数据分析需求 ·· 141
7.3　电力输电线路运维的大数据来源与特点 ·· 142

7.3.1 电力输电线路运维的大数据来源 …………………………………… 142
  7.3.2 电力输电线路运维的大数据特点 …………………………………… 142
 7.4 电力输电线路运维的大数据解决方案 ………………………………………… 143
 7.5 电力输电线路运维的大数据分析方法 ………………………………………… 144
  7.5.1 面向设备状态大数据的分布式存储和处理技术 …………………… 144
  7.5.2 电力运维行业的数据 ETL 技术 ……………………………………… 145
  7.5.3 电力输电线路的数据挖掘分析技术 ………………………………… 145
 7.6 电力输电线路运维的大数据分析案例 ………………………………………… 147
  7.6.1 输电线路智能化反外损监控系统 …………………………………… 147
  7.6.2 基于位置信息大数据驱动的输电线路智能巡检系统 ……………… 152
  7.6.3 特高压输电通道无人机巡检系统 …………………………………… 156
  7.6.4 空、塔、地协同的输电线路智能巡检系统 ………………………… 159
 7.7 电力输电线路运维大数据技术展望 …………………………………………… 163
  7.7.1 基于区块链技术的输电线路反外损运维系统 ……………………… 163
  7.7.2 基于社交网络用户激励的系统运营模式 …………………………… 164
  7.7.3 电力物联网价值挖掘 ………………………………………………… 166
 7.8 总结 ……………………………………………………………………………… 168

第 8 章 人工智能在流程工业科研和工程中的创新应用与展望 …………………… 169
 8.1 流程工业创新的重要意义 ……………………………………………………… 169
 8.2 传统流程工业存在的问题 ……………………………………………………… 171
 8.3 流程工业创新方向 ……………………………………………………………… 173
  8.3.1 干实验室计算化学与材料学 ………………………………………… 173
  8.3.2 湿实验室自动化微反应器 …………………………………………… 174
  8.3.3 干湿实验室的结合 …………………………………………………… 175
  8.3.4 人工智能与人在回路、人机融合的结合 …………………………… 177
  8.3.5 综合决策支持系统 …………………………………………………… 178
 8.4 应用案例 ………………………………………………………………………… 179
 8.5 总结与展望 ……………………………………………………………………… 181

参考文献 ……………………………………………………………………………………… 183

索引 …………………………………………………………………………………………… 191

本书编委 ……………………………………………………………………………………… 195

致谢 …………………………………………………………………………………………… 196

第 1 章

流程工业智能制造与数字化转型

正如著名的未来学家阿尔文·托夫勒在其巨著《第三次浪潮》中所说的，人类文明共有三次浪潮：

第一次浪潮可追溯到人类农耕文明的开始。那时候，人类的祖先发明创造了一系列农耕技术，告别了茹毛饮血的蛮荒时代，定居在肥沃的平原和盆地，依托风力、水力、畜力组织开展农业生产。

第二次浪潮发端于英国工业革命。伴随着蒸汽机的呼啸声，人类进入大工业时代。人类的体力倍增，活动范围空前放大。科学技术与工业制造的结合日益紧密。自然科学特别是数学、物理学、化学作为工业革命的核心学科相互结合并投入实践，开启了人类改造自然、突破自身体力极限的新篇章。人们借助强大的工业制造系统，在全球范围内高效、自动地组织生产和经营活动。以埃克森美孚石油、中国石化、巴斯夫化工、陶氏杜邦化学、中国国家电网、中国宝武钢铁为代表的流程工业巨头在各自的领域里拥有强大的实力。

第三次浪潮则是以计算机技术为代表的自动化、信息化、智能化时代的到来。阿尔文·托夫勒在 20 世纪 70 年代敏锐地预感到互联网的发展及其对传统工业的冲击。因此，在《未来的冲击》一书之后，他又先后出版了《第三次浪潮》和《力量的转移》两本划时代巨著。阿尔文·托夫勒提出，在激烈的市场角逐中，竞争力会转移到掌握数字化优势的组织和企业手中。他预见到正要"拍岸而来"的数字化浪潮，洞察到智能制造和互联网，以及由此产生的大数据和人工智能的崛起。

当前不同行业的发展趋势见表 1-1。

表 1-1 不同行业的发展趋势

行业	案例	动态
互联网行业——互联网公司转型大数据科技公司	Google、Facebook（改名为 Meta）、Amazon、百度、阿里巴巴、腾讯	在 C2C 业务模式上，通过海量客户数据的积聚，运用大数据和人工智能技术夺得行业领导权。 Google 开发了 AlphaGo 等人工智能系统，并且推出其人工智能架构 TensorFlow。 阿里巴巴成立云部门，推进和工业企业在云计算、大数据、人工智能方面的合作
信息技术行业——信息技术公司转型大数据科技公司	IBM、Microsoft、Oracle、SAP	IBM 转型 Watson 认知计算，聚焦于医疗、气象、生物等行业的大数据分析；收购 Red Hat，转型开源云计算。 Microsoft 推出 Azure 云计算，提供人工智能架构。 Oracle 和 SAP 分别增加了大数据、物联网、人工智能业务
自动化行业——与大数据融合	霍尼韦尔、西门子、施耐德、艾默生	霍尼韦尔开展大数据和人工智能业务。 西门子建立工业云。 施耐德建立工业云。 艾默生创建工业物联网部门
工业软件行业——融合物联网和人工智能技术	PTC、Aspen	PTC 开展物联网业务。 Aspen 收购 Mtell，运用机器学习，预测设备故障
信息技术及管理咨询行业	埃森哲、安永、德勤、毕马威	建立数字化转型业务，开拓大数据和人工智能业务，推出流程自动化机器人 RPA
流程工业	巴斯夫、BP、中国石化	巴斯夫推动 BASF4.0 项目，借助工业 4.0 进行数字化转型。 BP 成立数字化创新部门。 中国石化将信息化管理部更名为信息化与数字化管理部，扩展其职能，推动数字化转型和智能工厂建设，推进大数据、人工智能、物联网的应用

在德国政府提出工业 4.0、美国企业界提出工业互联网之后，我国政府也在两化融合的基础上适时提出了中国制造强国战略。流程工业占据制造业的半壁江山，流程工业智能制造和大数据分析应用就自然而然地成为学术界和工业界高度关注、重点投资的领域。

1.1 流程工业数字化转型战略

流程工业数字化转型涵盖了大数据、人工智能、物联网、云计算等新一代信息技术，并将其与设计、生产、管理、服务等制造环节进行整合。这种转型旨在实现信息的深度自感知、智慧的优化自决策以及精准的控制自执行等功能，从而推动先进制造过程、系统和模式的发展。该项目具有以下四个显著特点：智能工厂作为载体；关键制造环节的智能化作为核心；端到端数据流作为基础；网络互联作为支撑。这些特点共同促进了产品研发周期的缩短、生产效率的提升、产品质量的优化以及资源与能源消耗的降低。因此，其对于推动制造业尤其是流程工业的转型与升级，具有重大意义。

1.1.1 流程工业概述

在人类社会活动领域，制造业发挥着至关重要的作用。它成为推动国家及地区经济增长的核心因素之一，不仅创造了大量就业机会，而且有助于工资的提升和消费能力的增强。它依然是科技创新的核心场所之一。为了提升生产效能、减少费用并推进创新产品，制造业对研发项目持续的资金投入，促进了新技术、新材料和新工艺的演变。众多科技领域的突破，例如自动化、人工智能以及物联网技术，在制造业中取得了广泛的运用和迅猛的发展。

流程工业作为制造业的一个分支，与其他制造业类型（例如离散工业）共同构筑了广泛的制造业领域。流程工业——一种以连续或批量方式进行的产业活动，其核心特征在于原材料在生产过程中经历一系列物理或化学变革，最终转化为成品。此类工业生产往往涉及复杂的流程和技术，需要对流程控制与优化进行精细化管理。流程工业的典型领域如石油炼制、化学品生产、食品加工、药品制造、造纸、水处理等。在当前的流程工业领域，企业正逐步采纳新兴技术以应对生产过程中的实际挑战。众多成熟的优化工具和策略已被广泛运用于各个企业之中。自动化、集中化、集成化、整体化、智能化是未来发展的主要趋势。企业为确保持续发展，需要借助现代管理学理论与策略，促成管理与技术的融合互补。

流程工业的重要特性包括：

（1）连续生产：原料不断输入，产品不断产出，生产过程不间断，如石油炼制。

（2）批量生产：按照一定的配方和过程，一批一批地生产，每批次完成后再进行下一批次，如制药工业。

（3）物理和化学变化：流程工业的生产过程中，原料会经历一系列的物理变化（如温度、压力、形态改变）和化学变化（如化学反应），最终转化为所需的产品。

（4）复杂的流程控制：由于生产过程中涉及的物理和化学变化复杂多样，流程工业需要精确的流程控制和监测技术来确保生产的连续性、稳定性和安全性。

（5）高度自动化：流程工业为了实现精确的流程控制，通常采用程序逻辑控制器（PLC）、分布式控制系统（DCS）等高度自动化的生产设备和控制系统。

（6）对环境和安全的高要求：该行业对环保的要求和工作人员的安全要求极高，需要严格遵守相关的环保法规和安全生产法规，因为流程工业所涉及的化学物质可能会对环境和人员安全造成威胁。

工业流程作为现代工业社会的基石与核心要素，其数字化转型及技术革新对于提升生产效率、降低成本以及保护环境等具有深远影响。

1.1.2 流程工业数字化转型的需求

目前流程工业领域正面临众多挑战。这些挑战主要包括环境与可持续性发展问题、供应链的复杂性及脆弱性、能源转型的压力、安全与健康风险，以及市场和消费者需求的迅速变化等。面对诸多挑战，企业需要在投资新技术、优化生产工艺、加强供应链管理、提升安全标准以及培养技术人才等方面进行创新与改进。同时，为了保持竞争力并实现可持续发展，企业还需灵活应对市场变化。

数字化改造成为流程工业面临诸多挑战时有效的应对策略。为适应日益多变和个性化的市场需求，借助多种尖端的数字化、信息化、智能化技术，降低成本，优化供应链管理，实现更灵活、更智能的生产模式，可在各方面提高生产流程的效率、质量、安全和环保水平。

数字化转型是近期比较热门的话题，那么对于制造业而言，这一转型有什么意义呢？网络技术已深刻影响人类日常生活，手机应用程序将个体的饮食、居住、出行等方面通过线上方式紧密相连。互联网的初期阶段可视为开局之时，而随后的发展阶段则归功于工业企业（涵盖流程工业）的互联网化与智能化进程。这种数字化转型的实现涉及互联网化、智能化的进程。本质上，流程工业企业的经营模式正逐步依赖于互联网转型，并借助人工智能技术推动企业流程的扁平化重构。大数据、物联网、人工智能与数字化转型之间的关系密切相连。一方面，企业的信息化、智能化建设需要大数据和物联网技术的支持；另一方面，数字化转型促使企业对物联网进行投资，以此产生大数据，并进一步挖掘其价值。在转型过程中，企业整合尖端数字技术如物联网（IoT）、人工智能、大数据分析以及云计算等，可改善生产流程、提升供应链协同效率、加强环境保护措施，推动企业朝着更高效、更智能、更绿色的发展方向迈进。

对于流程工业企业而言，尽管其行业门槛较高、专业性强，使得互联网和人工智能技术难以对其产生颠覆性冲击，但激烈的市场竞争无疑将促使部分企业先行融入互联网和人工智能环境，并首先探索数字化转型，从而保持竞争优势。例如，在经营管理层和供应链管理方面，互联网技术的积累与模式具有强大的推动作用。当这些技术与人工智能技术相结合时，企业运行效率将出现质的飞跃。在流程工业企业实现创新突破之后，其生产运营层面将逐步迈向互联网化与人工智能化的转型。鉴于流程工业在生产运营领域的数字化基础较为扎实，因此，其与经营管理层之间的协同作用较为明显，有助于顺利推进数字化转型过程。

与此同时，与人工智能深度结合的流程工业可以解决一系列核心技术问题，包括生产全过程集成控制，企业生产和运营管理中的建模和优化决策，具有综合复杂性的工业过程智能建模和控制，难以测量工艺参数和生产指标的软测量与检测方法及装置。在生产过程中，企业需要对运行状态进行故障预测、诊断和自愈控制。上述问题解决之后，将构建一个以工业装置的检测与控制为核心，涵盖复杂工业过程的运行控制与运行状态故障诊断、生产管理与作业管理决策、全流程一体化控制以及流程工业综合自动化为主线的有机整体。

流程工业数字化转型为企业带来效益的增加，主要体现在以下几个方面。

1. 生产效率的提高

对生产过程进行即时的监控和调控可以借助数字化技术中的物联网、人工智能和大数据分析等技术手段实现。优化生产过程后，可以在最大限度上减少生产中断及停机时间，生产效率会得到显著提升，达成提高生产质量的目的，获得更大的收益。因此，数字化转型能提高流程工业的整体效能，以应对日益复杂及快速变化的市场需求。

（1）实时数据监控与分析：在生产线上应用物联网设备对海量数据进行实时监控，并结合大数据处理与机器学习算法进行深入分析，以达到发现生产瓶颈与预测设备故障之目的，并有效提升生产流程的效益。

（2）自动化与机器人技术：降低人为错误，提高生产效率和适应性，通过引入自动化生产线和机器人技术来实现人工操作的替代。

2. 质量控制和保证

数字化转型促使流程工业即时采集与分析生产数据，借助预测性维护及质量控制算法，提前发现并处理潜在的品质隐患，确保产品品质的稳定性与可靠性。

（1）先进的分析与预测模型：采用大数据分析方法和人工智能算法，实时监控生产过程中的核心参数，预测产品质量，及时调整生产参数，保证产品质量达标。

（2）全链条追溯机制：构建完善的产品溯源体系，从原料采购到成品交付的每个环节均能实现追踪与记录。一旦发现质量问题，就能迅速锁定并实施相应对策。

3. 能源管理和成本控制

流程工业通常属于能源密集型产业，数字化技术能够协助企业在能源消耗监控与管理方面发挥更为显著的作用，同时识别节能减排的潜在机会，优化能源的运用方式并降低生产成本。

（1）能源监控与管理平台：利用 EMS 系统对能源消耗状况进行实时监测和跟踪，并对能源使用效率进行评价，挖掘节能减排潜力。

（2）生产流程改进：应用过程优化工具对制造流程进行模拟分析，确定能源与原材料消耗的最合理的配置方式，减少浪费并降低成本支出。

4. 环境保护和可持续发展

对流程工业进行数字化改革，使其更严格地遵循环境法规，并通过削减能源消耗和废物排放，使生产模式在环保方面得到持续改进，为保护环境贡献更多力量。可以说，数字化转型是环境法规的有效落实，也是工业发展的必然要求。

（1）废弃物处理策略：运用数字技术改进废弃物处理工艺的自动化程度，提高废弃物资源回收利用率，减轻环境污染程度。

（2）碳排放监测：建立碳足迹监控系统，对生产过程给环境造成的冲击进行评价和监测分析；实施减轻温室气体排放量的措施，促进绿色低碳生产模式的形成；转型工作的开展；建立碳排放监测框架。

5. 响应市场变化和客户需求

数字化技术的应用有助于提升流程工业的灵活性与适应性，使企业能够迅速应对市场变动及客户需求，实现个性化和定制化生产。

（1）需求预测：实时调整生产计划和库存策略，以提升市场反应速度，借助于市场数据分析和人工智能技术来预测市场需求。

（2）敏捷生产方式：以满足消费者个性化需求的小批量、多样化、个性化生产为目标，运用灵活的制造系统和数字化调度工具。

6. 供应链优化和合作

流程工业借助数字化平台和工具，加强与供应商、客户和合作伙伴的协同合作，提高整个供应链的效率和响应速度，实现供应链的透明化和优化。

（1）供应链监控：建立供应链管理体系，对供应链进行即时监控，促进与供应商和客户的信息交流和合作，增强供应链的透明度和运行效率。在供应链监控中引入信息技术和数据分析手段。

（2）智能物流：应用物联网+区块链等技术手段提高物流管理流程的智能化程度，使仓储与运输在自动化程度提高的同时能够降低成本并提高物流效益。在信息化程度更高的情况下，物流可以更加高效地掌控从货物接收地到目的地的全过程。

7. 安全和风险管理

数字化转型使流程工业能够增强对生产设备及其使用过程的控制，提升事故防范能力，降低安全事故发生率，确保员工的安全并保护工作环境。

（1）安全监测系统：利用生产现场的安全监控与预警装置，对安全生产状况进行实时监测与预警处理，快速识别潜在风险并加以应对，提高安全生产效率。

（2）风险评估与管理：企业运用数字化手段，对经营风险进行量化分析并采取有效的控制管理；建立风险数据库，揭示风险隐患来源及产生的原因并制定相应的应对措施，有效提升企业在风险管理方面的能力和水平。

流程工业的数字化转型，是以企业自身实际情况为基础的综合性改革任务，要求企业制定切实、可行的数字化战略，并在此基础上进行持续的资源投入和技术运用，最终达到生产效率提高之目的。流程工业领域对数字化转型有十分广泛的需求，其不仅能提高生产效率和产品质量，而且还能有效降低各类生产、运营的成本，提高环境保护能力、市场应变能力、供应链管理能力、安全风险管控能力等，所以借助数字化转型，流程工业企业能很好地应对当前及未来的挑战，做到可持续性发展。

1.1.3 中国流程工业数字化规划

当前，我国制造业已形成了门类齐全、独立完整的产业体系，规模跃居世界前列。然而，与世界先进国家相比，我国制造业仍然大而不强，在自主创新能力、资源利用效率、信息化程度、质量效益等方面差距明显，转型升级和跨越发展的任务紧迫而艰巨。在新一轮科技革命和产业革命与我国加快转变经济发展方式形成历史性交汇的战略机遇期，以智能制造为主攻方向，推进我国信息化和工业化的深度融合，已成为中国制造强国战略的必然选择。

2015年3月9日，工业和信息化部下发了《2015年智能制造试点示范专项行动实施方案》，决定自2015年启动实施智能制造试点示范专项行动。该方案明确要坚持立足国情、统筹规划、分类施策、分步实施的方针，以企业为主体、市场为导向、应用为切入点，分类开展并持续推进流程制造、离散制造、智能装备和产品、智能制造新业态和新模式、智能化管理、智能服务六方面试点示范。通过试点示范使关键智能部件、装备和系统自主化能力大幅提升，产品、生产过程、管理、服务等智能化水平显著提高，智能制造标准化体系初步建立，智能制造体系和公共服务平台初步成形。

例如，中国流程工业的代表——中国石化，提出"十三五"期间该公司将加快推进智能油气田、智能工厂建设，建成3～5个智能油气田示范区、10个智能工厂，完成智能化管线系统的推广，智能油气田和智能工厂的运营成本降低20%，劳动生产率提高20%，同时实现智能工厂万元产值综合能耗降低6%。中国石化在燕山石化、镇海炼化、茂名石化和九江石化4家企业试点智能工厂建设，取得明显成效。4家试点企业的先进控制投用率、生产数据自动采集率分别提升了10%和20%，均达到90%以上，外排污染源自动监控率达到100%，生产优化从局部优化、离线优化逐步提升为一体化优化、在线优化，劳动生产率提高10%以上，提质增效作用明显，促进了集约型内涵式发展。九江石化、镇海炼化分别于2015年、2016年入选工业和信息化部"智能制造试点示范项目"。4家企业试点智能工厂建设的主要成果包括以下几方面：

（1）提升资源优化和调度指挥水平。通过将管理层、生产层的信息系统集成，实现生产运营管理的数字化、可视化。九江石化利用计划、调度全流程优化平台，持续开展加工路线比选等工作，2015年滚动测算121个案例，累计增效2.8亿元；镇海炼化通过一体化生产优化信息平台，实现了从计划、调度到操作控制的全过程生产优化，2015年生产优化综合增效3.5亿元以上。

（2）提高生产操作质量和效率。燕山石化开创了"黑屏操作"新模式（无报警时屏幕不亮，报警时屏幕高亮显示），最长黑屏时间可达4小时，53套装置的操作站实现生产正常状态下操控台黑屏、生产异常状态下系统自动精准警示，降低了劳动生产强度，提高了应急响应速度和处理能力；镇海炼化建成了国内首个全封闭、全自动、无人操作的2.5万吨化工产品立体仓库，仓库人员减少66%，铲车配备下降50%，库存管理效率大幅提升。

（3）支撑生产稳定、高效运行。4家试点企业建立了"大师远程诊断工作室"，科研院所和各企业的技术专家利用远程技术诊断系统，实时在线监控生产装置运行状态，保障生产装置稳定、高效运行。茂名石化通过工艺优化数据分析，使汽油收率提高0.22%、辛烷值提高0.9，提高了高价值产品的产量。

（4）支持能源管理创新。4家试点企业建成了能源管理和优化系统，建立了企业能源管控中心，加强了对能源产、输、转、耗全过程的跟踪、核算、分析和评价，实现了能流可视化、能效最大化和在线可优化，能源在线优化每年节约成本近1 000万元。

（5）提升安全环保水平和应急指挥能力。4家试点企业开展了泄漏检测与修复（LDAR）管理工作，涵盖260余套装置和179万个检测点。其中，九江石化实现了"全员、全过程"HSE（Health Safety Enviromental）管理，建立HSE观察卡3.85万个，环境信息通过"环保地图"实时展示。

（6）形成智能工厂1.0标准推广模板。通过智能工厂建设，中国石化进一步拓展了自主研发软件MES（生产制造执行系统）的功能，带动了国内厂商软硬件的研发，打破了国外垄断，构建了智能工厂信息化标准体系，包括6大类70项数据编码、6大主题935项数据指标、13个专题业务模板，形成了应用规范11册、标准业务流程48项，总结出来的智能工厂项目推广模板为后续的推广建设奠定了基础。

下一步，中国石化将通过智能化建设，推动企业生产方式、管控模式的变革，提高安全环保、节能减排、降本增效、绿色低碳的水平，促进劳动效率和生产效益的提升。

1.1.4 各国流程工业数字化的差异和启示

德国、美国、中国流程工业智能制造具有以下差异：

（1）德国基于其强大的工业基础，自下而上积极地推动工业4.0战略，希望通过新一代信息技术在制造业中的应用，确保其制造业的优势地位；推动流程工业的代表性企业（如巴斯夫）与信息化、自动控制领域的代表性企业（如SAP、西门子等）进行横向合作创新，力图通过工业4.0建立新的行业标准，保持原有的优势地位。

（2）美国基于其领先的人工智能、互联网创新能力，强调算力、软件、网络和数据，注重互联互通和互操作，自上而下打造工业互联网，期望重新夺回制造业霸主地位。以Aspen为代表的软件巨头正融合大数据、机器学习、人工智能的新动能，有可能进行颠覆性创新。

（3）我国流程工业正处于由大变强、转型升级的关键时期，不同规模、行业和区域的企业水平差异巨大，应基于我国流程工业的实际情况，借鉴他国经验，制定适合我国国情的标准化战略。国内的流程工业巨头如中国石化在智能工厂建设中兼顾两化融合，并融入了大数据、物联网、云计算、人工智能等最新技术。

德国和美国流程工业的发展对我国的启示可以归纳如下：

（1）行业巨头应注重生态链的培育，如自动控制企业要和国内物联网厂商、互联网企业进行合作对接；要运用资本市场的力量，培育一批流程工业数字化转型的行业巨头，形成甲方客户与乙方系统供应商全面合作的局面。

（2）我国必须瞄准国际最新技术动态，利用我国流程工业前十年两化融合的成果和经验，直接在大数据创新上实现突破，进而拉动和促进人工智能、物联网、云计算的集成应用。虽然我国在之前的传统工业软件方面发展滞后，但是通过对工业大数据的深化应用，走统计模型与机理模型结合的道路，依托互联网的先进业务模式，实现我国在先进制造系统上的弯道超车，完全具备可行性。因为人类的科学进步是否定之否定螺旋式发展的，大数据技术发展到今天，已经具有在一定程度上替代和提升机理模型的能力。而与此同时，我国经过近百年的工业化历程，已经发展成为重要的制造业国家。两者的结合，一定会使我国工业水平达到一个全新的高度，也是中华民族复兴大业的坚强支撑。

1.2 大数据分析和数字化转型的关系

1.2.1 大数据的内涵

近年来，信息技术迅猛发展，尤其是以互联网、物联网、信息获取、社交网络等为代表的技术日新月异，促使虚拟网络快速发展，现实世界快速虚拟化，数据的来源及数量正以前所未有的速度增长。

伴随着云计算、大数据、物联网、人工智能等信息技术的快速发展和传统产业的数字化转型，数据量呈几何级数增长。若以现有的蓝光光盘为计量标准，那么将 40ZB 数据全部存入蓝光光盘，所需要的光盘质量将达到 424 艘"尼米兹"号航母的质量。而在这些数据中，约 80%是非结构化或半结构化数据，甚至有一部分是不断变化的流数据。数据的爆炸性增长态势及其构成特点表明我们已进入"大数据"时代。

如今，大数据已经被赋予多重战略意义。从资源的角度，大数据被视为"未来的石油"，被作为战略性资产进行管理；从国家治理的角度，大数据被用来提升治理效率，重构治理模式，破解治理难题，将掀起一场国家治理革命；从经济增长的角度，大数据是全球经济低迷环境下的产业亮点，是战略新兴产业最活跃的部分；从国家安全的角度，全球数据空间没有国界边疆，大数据能力成为大国之间博弈和较量的利器。总之，国家竞争焦点将从资本、土地、人口、资源转向数据空间，全球竞争版图将分成新的两大阵营：数据强国与数据弱国。这一认识，和阿尔文·托夫勒在《力量的转移》一书中的观点是一致的。

从宏观上看，由于大数据革命的系统性影响和深远意义，主要大国已快速做出战略响应，将大数据置于核心位置，推出国家级创新战略计划。美国于 2012 年发布《大数据研究和发展计划》，并成立"大数据高级指导小组"；2013 年又推出"数据-知识-行动"计划；

2014年进一步发布《大数据：把握机遇，维护价值》政策报告，启动"公开数据行动"，陆续公开50个门类的政府数据，鼓励商业部门进行开发和创新。欧盟力推《数据价值链战略计划》。英国发布了《英国数据能力发展战略规划》。日本发布了《创建最尖端IT国家宣言》。韩国提出了"大数据中心战略"。中国多个省市发布了大数据发展战略，国家层面的《关于促进大数据发展的行动纲要》也于2015年8月19日正式通过。

从微观上看，大数据重塑了企业的发展战略和转型方向。美国企业以GE提出的"工业互联网"为代表，提出智能机器、智能生产系统、智能决策系统，将逐渐取代原有的生产体系，构成一个"以数据为核心"的智能化产业生态系统。德国企业以工业4.0为代表，将通过信息物理系统把机器、物品、人、服务、建筑连接起来，形成一个高度整合的生产系统。中国企业以阿里巴巴提出的"DT时代"为代表，认为未来驱动发展的不再是石油、钢铁，而是数据。这三种新的发展理念可谓异曲同工，共同宣告"数据驱动发展"成为时代主题。

1.2.2 大数据和人工智能的关系

有人可能会问，既然人工神经网络的第一个研究在20世纪50年代就完成了，那为什么基于深度学习的人工智能直到现在才被认为是关键技术？基于深度学习的人工智能和大数据分析又是怎样的联系？

实际上，在20世纪90年代，深度学习技术已经被成功地应用于商业领域。然而，这种技术形式往往被认为是专业人士所独有的技巧，而非普遍适用的技术，此观点一直持续至近期。为了让一个深度学习算法取得优秀的表现，确实需要运用一些策略。幸运的是，随着训练数据的不断增加，所需技巧正在逐渐减少。在目前的机器学习领域，为了解决复杂任务并达到人类水平的算法，与20世纪80年代针对玩具问题（Toy Problem）所采用的学习算法几乎没有区别，尽管通过这些算法训练出的模型经历了演变，即优化了深度学习神经网络的训练流程。最关键的进展在于目前已具备了成功训练这些算法所需的资源。数据规模随着时间的推移而显著增长，这一趋势主要受到社会日益数字化的驱动。基于计算机技术的广泛应用，人类的生产与经营活动越发依赖于数字化平台。此外，网络连接的计算机数量日益增加，使得各类信息的记录变得更为便捷，并且便于集中管理。因此，这些数据更容易被整合成适用于机器学习的数据集。

传统统计估计的主要负担（基于有限数据进行新数据泛化）已经有所减轻，因此"大数据"时代的机器学习模型变得更为便捷。截至2016年，一种大致的经验法则是，在每个类别中拥有约 5 000 个标注样本的情况下，监督深度学习算法通常能够达到可接受的性能水平。而当使用至少包含 1 000 万个标注样本的数据集训练时，该算法的表现将达到或超越人类水平。另外，针对较小规模数据集的成功应用构成了一个重要的研究领域。因此，需要特别关注如何通过无监督或半监督学习方法充分利用大量未标记样本。

20 世纪 80 年代，神经网络只能取得相对较小的成功，而现在神经网络非常成功的一个重要原因是拥有的计算资源可以运行更大的模型。联结主义的核心理念之一认为，在动物神经元群体协同作用时，智能水平得以提升；然而，单个神经元或小规模神经元集合的效用并不显著。在过去数十年间，机器学习模型中单个神经元的连接密度已经达到了与哺乳动物大脑相当的水平。

自从引入隐藏单元以来，人工神经网络的规模大约每 2.4 年扩大一倍，这种增长是由更大的内存、更快的计算速度和更大的可用数据集驱动的。较大规模的网络结构能够在更为复杂的任务中达到更高的准确度，此类趋势预计将持续数十年之久。显然，若未能迅速研发新技术，人工神经网络在数量级上与人脑相匹配的情况可能要等到 21 世纪 50 年代才会实现。

虽然在计算系统的视角下，当前网络规模相当庞大，但与较为原始的脊椎动物如青蛙的神经系统相比，实际体积更小。随着 CPU 与通用 GPU 性能的显著提升、网络连接速度的加快以及分布式计算技术的进步，深度学习领域的模型规模持续扩大已成为其关键发展动向之一。预期此趋势将持续贯穿未来。

1.2.3　工业大数据与流程工业智能化

1. 工业大数据

工业大数据在来源方面主要可以划分为管理系统数据、生产系统（生产线）数据和外部数据三个类别。

（1）管理系统数据涵盖了传统工业自动化控制与信息系统所产生的各类数据，包括但不限于产品生命周期管理（PLM）、企业资源计划（ERP）、生产执行系统、供应链管理（SCM）以及客户关系管理（CRM）等企业信息系统。在这些系统中，各类产品研发数据、生产制造数据、物流供应数据以及客户服务数据被积累并存储于企业或产业链内部，构成了工业领域传统的数据资产。

（2）工业生产线数据主要来源于设备、机器以及产品等方面，通常由传感器和设备仪器仪表进行采集。近期，物联网技术的迅猛进步使得机器设备数据成为工业大数据增长最快的源泉。这些数据通常是由实时自动采集的生产设备和交付产品的状态与工况数据所组成。一方面，机床等设备物联网信息为智能化工厂生产调度、质量监控和绩效管理提供了实时资讯；另一方面，来自传感器的庞大时间序列数据集合，涵盖装备状态参数、工况负载以及作业环境等要素，有助于用户优化装备运行效能，进而扩展制造服务领域。

（3）外部数据涵盖了工厂之外的各类信息，主要来源于互联网上关于市场、环境、客户、政府以及供应链等外部环境的数据。在当前互联网与工业领域深度融合的背景下，企业外部互联网已经成为工业大数据不可忽视的重要来源。小米手机通过社交媒体数据的应用，成功地推动了产品创新研发。此外，在外部互联网中，我们可以发现大量的跨界数据。例如，气象数据对装备作业产生影响，宏观经济数据对产品市场预测起着关键作用，环境法规数据则会影响企业的生产成本。

相较于一般的工业企业，流程工业的大数据来源更加多元和复杂。如炼油化工领域的大数据一方面涵盖了原料、中间产品、成品的物性分析；另一方面则关注于中间控制过程和生产管理过程。针对原料中的原油，每种原油的详细评估数据可达数百个。在生产过程中，各种不同类型的数据来源于分布于炼油化工装置现场的各类检测仪器。对这些多源数据进行分析、处理和存储，已成为炼油化工大数据应用所面临的关键问题。

2. 流程工业智能化

和传统的智能制造相比，流程工业智能化需着力攻克若干关键技术创新。在这一过程中，工业大数据则扮演着至关重要的角色。

（1）生产全流程一体化控制

流程工业综合自动化采用信息技术，以计算机和网络技术为基础，将生产过程的制造技术、设备操作技术和生产过程管理技术进行集成，实现生产过程的控制、运行、管理的优化集成，从而实现管理的扁平化与精细化，对于产品质量、产量、成本和消耗等方面的综合生产指标进行优化控制，是一项涉及生产全过程的重要工作。通过科学地分析和调整这些关键因素，可以提升生产效率，同时减少资源浪费，为企业带来更大的经济效益。因此，有必要在全面创新生产全流程一体化控制的体系架构、设计理念、整合技术和实施策略方面进行革新。

主要包括：

1）生产全流程一体化过程控制系统的模型框架、模型结构及建模；

2）大数据、机理分析与知识驱动的复杂产业流程整体优化管理；

3）生产制造全程运作控制；

4）全流程运行的优化控制和公司生产与管理的优化整合；

5）自动化系统的半实物仿真的设计和测试；

6）综合自动化系统的结构、设计策略和实施技术。

（2）企业生产和经营管理中的建模与优化方案

生产管理和经营决策是综合自动化领域的关键要素。"管理与决策"将设备级的底层自动化系统与企业的产品和原料两个市场紧密联系，使得企业转变为一个"资源配置合理、物料流动有序、生产井井有条"的整体。在整个综合自动化系统中，该系统发挥着核心引领作用。

主要包括：

1）数据和算法相结合的多目标非线性智能优化；

2）企业管理中的分析和优化决策；

3）流程工业生产计划调度和物流供应链计划的建模与优化方法和技术；

4）流程产业集成化规划调度；

5）制造执行系统的结构、设计方法及实施技术；

6）企业资源规划系统的架构、设计方法及实施技术。

（3）具有复杂性的工业过程混合智能建模与管理

主要包括：

1）复杂工业制造智能建模；

2）非线性鲁棒自适应控制；

3）多变量智能解耦技术；

4）大数据推动的具有系统性的复杂工业生产智能化管理；

5）复杂工业系统的研究与优化管理；

6）大型能耗设备智能化调控系统。

（4）难以测定工艺参数和生产指标的软件测量与检测技术及设备

工业流程中的工艺参数和生产指标对于保障全流程的安全、可靠及高效运作具有至关重要的作用。检测、监控、分析、测试技术及设备构成了综合自动化系统的核心部分，其功能与作用相当于整个系统的"神经枢纽"。

主要包括：

1）黑体空腔辐射温度测量理论和钢水、板坯测温；

2）气体输送粉尘流动参数检测；

3）高精度固液相混合流体量测；

4）管道损坏内检测与即时泄漏定位；

5）难以评估的工艺参数和性能指标的软测试；

6）实施在线监测，针对生产过程中的质量、效率、能源消耗以及物料消耗等相关指标。

（5）生产过程中的运行状态异常预测、检测与自我修复控制

在大型生产制造装备中，故障诊断与安全运行技术构成了确保设备稳定、高效运作的基础。这些技术不仅是优化生产流程的核心要素，也是维护综合自动化系统正常运行的重要支撑。该研究领域的理论与技术挑战在于对现有基于控制器、执行机构和检测装置的故障诊断与容错控制方法进行创新性的探索。

主要包括：

1）复杂生产过程的控制；

2）模型与大数据的复杂工业过程运行条件的故障预测、检测和自愈控制；

3）生产过程全流程控制与管理决策中的故障检测、预测和安全操作控制；

4）工业过程故障诊断与安全运行系统的架构、设计策略及实施技术。

流程工业主要特征为连续化生产与自动化控制。自 20 世纪 70 年代起，在生产领域，计算机集散控制系统（DCS）便开始被用于采集过程控制与设备状态监控所需的传感器数据。这些数据主要涵盖了各种物料的连续物理、化学状态信息，以及部分在线分析得到的物料组成信息。因此，流程工业在数据基础方面表现出色，其数据存储量超过其他领域，并且增长速度远高于其他行业。另外，生产行业在企业管理方面普遍建立了众多的企业信息系统，涵盖传统制造设计和工艺类软件、资源规划、产品周期管理、供应链协调、客户关系维护以及环境控制等各种系统，基于众多企业信息系统，已累积了丰富的产品研发数据、生产性数据、经营性数据、客户信息数据、物流供应数据以及环境数据。

流程工业大数据特征包括庞大的数据量、丰富多样的数据类型、复杂的存储格式以及分散的数据存储。在节能、新能源发展以及两化融合等领域，流程工业面临诸多挑战。为了应对这些挑战，必须借助大数据技术的创新与实施，以提升流程工业的效率和可持续性。

首先，大数据技术为流程工业决策管理提供了新的方法。借助语义分析技术和元搜索引擎，我们能够实现相关信息的采集，并对数据进行存储、检索以及智能化处理。通过深度关联、可视化查询以及数据报告等，为企业决策和生产管理智能化提供数据支撑。

其次，大数据积累和大数据分析是流程工业生产稳定运行的保障。对流程工业大量的历史数据进行深入挖掘，快速地提取有价值的信息，进而构建出具有发展前景的生产工艺

方案和风险评估技术,将为利用大数据技术解决装置生产问题开辟新的思路。此外,远程在线监控与故障诊断系统可被升级为远程工业智能服务平台。将各类动态设备、静态设备、仪器以及配件的参数、振动和工艺信号等数据纳入其中,并运用大数据关联分析技术进行预测检修,确保不发生事故或减少事故的发生,提高装置的在线运行率。

再次,大数据在流程工业中扮演着至关重要的角色,它是实现经济效益的关键因素。借助于大数据技术,寻找并运用关键数据以优化生产过程,通过深入分析核心数据,揭示生产规律,实现生产效率的提升及降低能源消耗。

最终,大数据技术成为提高流程工业安全管理能力的重要手段。

1.3 人工智能在流程工业科研和工程中的战略意义

人工智能技术为研发创新、生产流程优化和决策支持提供强有力的技术保障,在流程工业领域中的战略价值显著,这种价值主要体现在其对复杂生产数据的深度整合和分析能力上。人工智能有能力识别生产过程中的低效率和潜在风险,并借助高效的数据处理技术和智能算法预测设备故障,实现预防性维护,减少停机时间和维护成本。同时,在优化资源配置、提高原材料使用效率、减少能源消耗和环境负担等方面,人工智能技术的作用十分显著。人工智能技术在创新研究领域有助于缩短产品从概念到市场的周期,提高材料和中间产品筛选的效率。此外,人工智能技术可以根据市场需求的波动,自主调节生产策略和供应链管理,提升企业的反应速度和在市场中的竞争力。在流程工业领域应用人工智能技术,为企业实现可持续发展奠定了技术基础,增强了企业的长期竞争力,提高了生产效率和经济效益。

1.3.1 人工智能在科学研究中的重要作用

作为科学探索领域的重要推动力量,人工智能为研究者提供了高效、有力的思维扩展手段和生产力提升手段。大数据分析可以揭示潜在规律,以数据驱动假设推动科学探索,以跨学科整合应对复杂问题,利用机器学习构建精准预测模型,采用优化算法提升研究效率。可以说,在显著提升研究成果质量和数量的同时,人工智能正深刻影响着科学探索的途径,也在不断扩展创新研究思路。这种方法有助于科研人员在科学探索过程中增加创新思维应用的同时,专注于解决更具挑战性和高价值的问题。人工智能极大地扩展了人类对自然界和社会现象的认知深度与广度,是科学研究领域的一项关键新兴技术。通过人工智能的赋能，在以下几个方面能为科研领域带来革命性的颠覆：

（1）大幅度提高科学研究效率。在传统的科研过程中，科研人员将大量的时间和精力耗费在重复性实验操作和数据整理与分析的工作上。人工智能可以帮助科研人员设计实验过程，并自动执行一些重复性的实验步骤，如取样操作、滴定操作、移液操作、接种操作等。近期更是出现了数量众多的自动化实验设备和机器人实验室，以降低科研人员的劳动强度。人工智能还可以帮助科研人员自动化地执行实验数据的操作任务，如收集数据、整理数据、分析数据等，进而大幅度降低科研工作中数据分析的工作强度。人工智能可以实时分析实验中产生的大量数据集，协助科研人员快速找出数据的各种规律和潜在的关联，这在原有的科研工作中是很难完成的。尤其在应对超大量的数据时，人工智能可以快速识别其中的趋势和模式，效率远超人类。

（2）增强实验结果的精确性。在传统的科研过程中，不可避免地会发生人为失误，导致实验结果精确性不高，重复性差。人工智能特别是机器学习算法，能够在复杂的大数据中，敏锐地识别出极其微弱的差异，进而提高科研数据的精准性、可靠性。另外，人工智能通过算法，对大量的实验数据进行处理，最大限度地减少了人为失误，提高了实验的可重复性。目前，在图像和语音识别领域，深度学习算法的辨识准确性已经超越了人类，这些算法同样可以应用于科研数据的分析中。

（3）开拓新的研究领域和方法。人工智能技术能拓展科研人员的感官，使科研人员能探究以前传统研究方法所无法触及的研究领域。例如，通过使用人工智能模型，模拟复杂的机械、物理、化学等反应，可以在没有真实实验的情况下，预估反应过程和预判反应结果。

（4）促进跨学科的研究。人工智能的应用促进了不同学科，如计算机科学、数学等，与化学、物理学、生物学、管理学等的结合，这些学科的交叉融合为解决复杂问题提供了新的视角和方法。如生物信息学结合计算机科学和生物学数据等。

（5）提升科研的预测能力。人工智能的预测模型可以帮助科研人员预测实验的结果和自然现象，从而提前做好准备，尤其在大型的公共卫生领域，如疾病爆发预测等。

通过这些方式，人工智能不仅能改变传统科研的工作方式，还能推动科学边界的拓展与延伸。随着人工智能技术的不断进步，未来的科研领域将更加智能化和高效化。

1.3.2 人工智能在工程建设中的重要作用

工程建设领域中应用的人工智能（人工智能）技术已经成为推动这一产业发展的关键

驱动力。人工智能借助尖端科技如机器学习、深度学习和计算机视觉的融合，在协助处理一些困扰行业已久的难题的同时，也在提升工程建设效率和质量方面取得了令人瞩目的成就。在工程建设领域，人工智能的关键应用包括但不限于工程规划设计优化、施工过程管理、预测性维护与设备管理、质量控制、资源优化、安全监控以及后期运维管理等方面。在工程规划设计时，利用人工智能技术可以深入分析历史项目数据，以便在计划阶段为项目组提供更为精确的决策基础。在人工智能技术的帮助下，通过对各种设计方案的性能表现进行模拟和预测，能协助设计师提升空间使用效率，降低建造和运营成本，实现最优化的工程设计。

人工智能在工程建设领域的应用已经逐渐改变整个行业的运作模式。从项目设计到施工管理，再到设施维护，人工智能的影响日益深远。

1. 参数化自动设计

人工智能可以协助设计人员实现参数化的自动设计，即根据预定的工程参数，依据机理模型和统计模型，自动完成设计方案。通过这样的方式，设计人员在设计过程中可以快速调整各类工程参数，通过人工智能的辅助，迅速生成相应的工程效果，成倍地提高设计效率。

2. 工程结构优化

基于机理模型和统计模型，人工智能技术可以对已有的设计方案进行构效分析，自动找出原设计方案中不足之处并进行优化，如根据所在地区防震等级，自动计算建筑的承重结构，确保安全的同时减少材料用量，降低成本。

3. 工程项目过程的动态调整

大型工程的项目管理非常具有挑战性。项目成本、项目范围、项目进度至关重要，项目验收在这三者的平衡中完成，是一件耗时耗力的工作。人工智能可以实时地帮助项目经理分析当前项目的时间进度和资源占用情况，并自主、动态地统筹项目内各种资源的分配，以应对随时发生的变化，确保项目按计划进行。

4. 工程项目的成本控制

人工智能可以实时监测项目的成本支出，并根据前期的数据，结合项目的进度，预测即将发生的项目支出，帮助项目经理更有效地控制项目预算，预防超支。

5. 工程质量控制

人工智能技术可以通过图像识别技术自动检测施工质量问题，如裂缝、不平整等，确保施工质量符合标准。

6. 工程安全分析

人工智能技术可以分析现场施工人员的行为模式，识别不安全行为和潜在危险，及时发出警告。

7. 工程设施管理

人工智能技术可以监控工程建设中的各类系统（如吊机、照明、运输等），实时优化系统的运行状态；还能实时监测各类系统的运行状态，提前预测设备故障，并提示工作人员准备相应的备品备件，以此来提高效能，降低运营成本。

可以看到人工智能技术在工程建设的各个领域能发挥强大的功能，不仅能提升工作效率，还能增强工程建设中的安全性，推动整个工程行业向更高水平迈进。

第 2 章

工业大数据分析基础

阿里巴巴前董事会主席马云说:"大数据就是'石油',阿里巴巴不是信息技术公司,而是数据技术公司。"随着大数据分析的价值日益被人们所认识,大数据治理浮出水面。越来越多的 CIO 报告组织中获得和保存原始数据的需求变得日益突出。

Paul P. Tallon、Ronald V. Ramirez 和 James E.Short 认为,管理大数据变得复杂且富有挑战性,这是因为信息和数据逐渐被视为战略资源。Khatri 和 Brown C. V 认为企业逐渐意识到数据即资产。在推进工业大数据的分析和应用时,需要兼顾工业大数据治理和大数据采集技术两个基础问题。

2.1 工业大数据治理

2.1.1 工业大数据应用面临的挑战

以数据为关键要素驱动工业转型升级,不仅成为宏观层面的行业共识,也正在微观层面为企业带来实际收益。然而,工业大数据应用还面临大数据资源不丰富、大数据治理滞后、大数据孤岛普遍等挑战。

1. 大数据资源不丰富

理论上,工业领域的数据应该是非常丰富的。麦肯锡 2009 年的报告显示,美国的离散制造业是所有行业中数据存储量最大的。但实际上,有价值的数据非常稀缺,其原因是在工业领域,有分析利用价值的机器数据往往包含故障情形下的"坏"样本。还有一些工业场景,只有在极短的时间(如上百万个测点/秒)内采集测量数据,才能捕获机器设备的细微状况,这就要求时序数据库和流处理平台等专用的新一代数据存储软件提供支撑。

很多工业企业面临"数据到用时方恨少"的尴尬。根据中国信息通信研究院和工业互联网产业联盟2018年对国内74家工业企业的调研,我国工业企业的数据资源存量普遍不大,66%的企业数据总量在20TB以下,还不到一个省级电信运营商日增数据量的1/10。数据资源不丰富的原因与我国工业互联网发展还处于起步阶段有关,企业数字化、网络化程度普遍较低,数据资源的积累尚需时日。此外,工业系统协议"七国八制"现象非常突出,很多软件系统的接口不开放,也增加了数据采集的技术难度。

2. 大数据治理滞后

数据质量问题是长期困扰数据分析工作的难题。据权威数据专家估计,每年低质量的数据会给企业带来10%~20%的损失。工业领域很多时候追求确定性的分析结果,对数据分析的可靠性要求高,因而对数据质量的要求也高。美国一直重视数据质量,1990年还专门颁布了数据质量法案,2016年美国《联邦大数据研发战略计划》也专门把确保数据质量与提升数据分析可信性作为七大战略之一。

用数据,更要"养"数据。从信息化程度较高的金融、电信、互联网等行业的经验来看,如果不开展专门的数据治理,就难以确保数据质量。而调查显示,我国工业企业中只有不到1/3的企业开展了数据治理,51%的企业仍在使用文档或更原始的方式进行数据管理。工业企业应该把数据视为与机器设备同等重要甚至更宝贵的资产,加强数据资产管理。当前,已经有越来越多的工业企业从主数据或元数据切入,着手开展数据资产管理。而且,随着机器学习技术的发展,智能化的数据资产管理工具也越来越完善,工业数据资产管理可以更多依赖人工智能高效完成。但与信息化程度较高的金融、电信、互联网等行业相比,工业数据治理还有很多欠账要补。

3. 大数据孤岛普遍

数据孤岛几乎是所有企业都面临的困境。从单一企业内部来看,存在不同时期由不同供应商开发建设的客户管理、生产管理、销售采购、订单仓储、财务人力等众多IT系统,可谓"烟囱林立"。要深入推进智能制造,不仅要使上述IT系统横向互通,还要进一步纵向打通IT和OT两界的数据,推进难度非常大。而且,企业越大,管理和技术包袱越重。

从全行业看,发展工业互联网,实现从单一企业内的局部优化到整个产业链的全局优化的跨越,必然要实现整个供应链上跨企业的数据流通,这就面临安全合规、商业模式和技术标准等方面的更大挑战。前述调查显示,超过半数的企业表示需要使用外部数据或对外提供数据,仅有2.7%的企业觉得不会涉及数据合作,但数据流通由于涉及确权、安全合规等问题，风险和阻力都很大。

德国工业 4.0 计划已经把数据流通作为重点议题，在构建工业数据空间方面进行模式上的探索。与此同时，同态加密、安全多方计算、零知识证明、区块链与智能合约等技术正在走向应用，也为用技术打破数据共享的僵局提供了一条有前景的路线。国内如何打破数据孤岛，促进工业数据流通，仍须加快探索。

2.1.2 应对方法

工业互联网的长期目标是构建"数字双胞胎"。只有工业数据越来越丰富、全面，质量越来越高，"双胞胎"才可能长得像，才能"心心相印"。也只有这样，才能让物理世界中的万物得以在数字世界中重现，通过数字世界中的计算、分析、预测、优化来指导物理世界的运行，开辟新的增长空间。因此，面对上述挑战，要做好以下几方面的工作。

1. 夯实数据基础，高度重视数据资产治理的战略价值

企业不仅要关注数据分析最终的显性价值，更要重视数据采集、资产管理、治理、互操作与标准化等基础性工作的价值。"磨刀不误砍柴工"，只有基础牢固了，工业大数据才能可信、可用，成为价值源泉。

2. 抓住大数据技术创新机遇

数据技术正在进入新的发展阶段，时序数据库、知识图谱、深度学习、安全多方计算等为工业大数据采集、整合与分析孕育着新的动力。特定应用场景与这些新技术结合的做法有望带来新的突破。

3. 建立大数据行业标准与规则

在行业层面，可以发挥行业联盟作用，在数据采集协议、数据模型等方面建立行业标准，扫清技术层面互通的障碍。同时，要推动形成工业企业间数据共享的行业规则，创造安全可信、利益均衡的数据流通生态，为打破全行业数据孤岛铺平道路。

流程工业大数据的价值是巨大的，发展前景是广阔的，与此同时，也面临着分析技术、治理模式、行业应用等诸多挑战。接下来，本书将以工业大数据治理、工业大数据分析为主线，介绍以油气开发、石油石化、化工、钢铁、电力为代表的流程工业大数据创新，详细阐述工业大数据分析在流程工业中的应用和发展趋势。

2.2 流程工业大数据治理案例

2.2.1 跨国石油公司大数据治理

A 公司是一家总部位于加拿大的国际石油公司，主要专注于油砂、页岩气、海上和陆上常规油气的勘探、开发、生产、贸易等，业务范围遍及北美洲、中美洲、欧洲和非洲。A 公司多年来一直致力于利用信息技术提升专业研究、业务运行和企业管理的能力，已经建成数百个覆盖所有业务领域的业务和管理系统，其中有部分系统是通过业务并购所获得的。由于信息系统建设年代不一、来源多样，A 公司在进行业务整合、系统集成时，面临数据标准不统一、数据质量参差不齐、数据完整性缺失等多种困扰，特别是近年来越来越迫切的数据分析需求，让企业管理高层意识到数据问题迫在眉睫。为此，A 公司决定启动企业范围内的数据项目，促进数据标准和数据质量的整体提升。

1. 数据治理现状和目标

项目初期，A 公司在咨询公司的帮助下，通过数据治理成熟度评估模型（见表 2-1），确定了当前公司数据治理水平，并利用该模型明确了数据治理目标。

表 2-1 数据治理成熟度评估模型

等　级	描　述	特　征
0 级——未治理	数据质量管理流程完全没有	（1）代码负荷极大； （2）冗余、手动校正
1 级——初始级	数据质量管理流程属于被动响应、无组织	（1）针对特定损害的冗余、硬编码校正； （2）最小批量处理或脱机点对点修复
2 级——可重复级	数据质量管理流程遵从规范模型和模式	（1）根据特定的业务要求在"选择"系统上实施控制； （2）黑箱纠正机制
3 级——已定义级	数据质量管理流程文档化，并实现良好沟通	（1）文档化、可重复的控制标识、开发和实施过程（工具包）； （2）定义数据和过程控制标准； （3）实施侦测水平控制
4 级——已管理级	数据质量管理流程被监控，并实现指标化测量	（1）实施纠正水平控制； （2）服务水平协议自动化； （3）警报、发布和趋势报告
5 级——优化级	数据质量管理流程成为最佳实践被学习，并且实现自动化管理	（1）实施预防级别的控制，具有自动通知、上报和隔离流程； （2）通过组织最高级别的仪表板可查看质量指标； （3）质量指标推动流程和系统的持续改进

经过评估，A 公司确定当前的数据治理成熟度为 1.5，如图 2-1 所示，处于 1 级和 2 级之间。主要特征为 A 公司已经初步基于 PPDM 标准制定了自身数据标准，但需要在企业范围内推广，并形成持续、有效的数据质量管理能力。

图 2-1　A 公司数据治理成熟度

同时，A 公司明确在未来 5 年内要达到数据治理成熟度 4 级，并确定了具体的工作目标：

（1）定义并建立数据治理模型和方法，确定数据质量标准。

（2）制定业务流程图、流程检查点、业务规则和数据规则，确定质量检查要求。

（3）根据业务影响、业务准备情况和数据准备情况，为数据治理确定数据类型的优先级。

（4）为实施数据治理所需的各种人员建立组织模型，并定义角色。

（5）完成支持数据治理所需实现的存储库和技术。

（6）达成与外部组织之间的积极协作和流程、技术的融合，充分利用办公机构之间的数据治理活动。

（7）实施与数据治理类型相关的手动操作工作流程、业务规则、数据规则和软件度量。

2. 数据治理框架和组织

A 公司认为数据治理的最终目标是，确保数据在业务生命周期内流转时具备高质量和完整性以支撑各类数据应用。为此，A 公司需要建立完善的治理框架，构建合理的组织权责、清晰有效的工作流程及高效的技术保障，通过一系列标准和规范来确保数据可查、可用和可信。数据治理框架如图 2-2 所示。

组织权责的确立是开展数据治理工作的首要条件。A 公司的数据治理组织包含以下三个层面：

（1）数据治理委员会：由跨业务板块的高层管理人员组成，提出各个业务领域在数据治理方面的诉求，确定企业级的治理目标和策略，为数据治理工作配备合理资源，就重大决策在企业层面达成共识。

图 2-2 数据治理框架

（2）数据治理办公室：由跨专业领域的专家或专业管理人员组成，负责数据标准、规则和绩效指标的审批，提出数据质量要求，推动数据治理工作的开展。下设角色包括数据所有者和数据 SME。

（3）数据治理团队：由数据治理支持团队、数据治理实施团队、数据治理分析团队、数据治理架构团队构成，负责具体数据治理相关的标准、流程和技术的设计、实施与运行维护。

1）数据治理支持团队：负责对数据标准的维护和监督，监控数据质量指标及数据质量改进措施，并在数据全生命周期中协调各方人员积极参与数据治理工作，提升数据质量。下设角色包括数据治理维护组、数据保管者和数据治理协调人。

2）数据治理实施团队：负责开发和实施数据治理相关标准、规则、度量指标，并监督标准遵从情况。下设角色包括数据管家和数据治理实施组。

3）数据治理分析团队：对数据治理工作进行分析，为数据治理委员会、办公室，以及数据治理维护组和实施组提供数据治理方法和流程指导。

4）数据治理架构团队：负责数据治理技术平台架构设计和实施。

组织构成充分体现了 A 公司关于数据治理的理念——"业务驱动数据治理"，业务部门充分认识到高质量数据对于业务的重要性，业务管理人员和专业领域人员的积极参与为数据治理工作的开展提供了保障。数据治理组织架构和角色如图 2-3 所示。

3. 数据治理实施流程和策略

A 公司在数据组织资源到位的前提下，开展数据治理工作。对于数据治理，无论是业务部门还是 IT 部门，都需要投入较多力量，因而在实施策略上，采用分区分类、逐步覆盖的稳步推进方式，以减少对正常业务的影响；同时，充分利用数据治理工具，提升治理效率，巩固治理效果。数据治理实施流程如图2-4所示。

图 2-3 数据治理组织架构和角色

图 2-4 数据治理实施流程

4. 数据治理平台

"工欲善其事，必先利其器。"面对庞大复杂的数据，必须提供有效的技术解决方案以固化标准、规则，提升流程自动化和强制化水平，通过系统工具对数据质量进行持续监控。只有引起管理层和相关人员的普遍关注，数据治理才能够获得较好的效果。数据治理技术解决方案架构如图 2-5 所示。

图 2-5　数据治理技术解决方案架构

A 公司以 Collibra 数据治理系统为基础，构建了自己的数据治理平台。Collibra 在 Gartner 数据管理和分析产品报告中处于领导者象限。它定义的数据资产包括以下四种。

（1）传统的数据领域（如客户、产品、供应商和会计科目等）。

（2）数据集（如社交网络数据、聊天日志和 RFID 数据等）。

（3）关键数据元素（如电话号码、产品目录等）。

（4）数据平台（如 Hadoop、Cassandra、企业数据仓库和传统关系型数据库等）。

对四种数据资产实现多种数据治理功能，包括数据治理政策定义、数据标准、数据所有权管理、元数据管理等，可增强语义层大数据分析，优化大数据治理模型，利用参考数据进行大数据查询等。A 公司利用 Collibra 提供的功能重点进行元数据管理、数据治理审批流程管理、业务流程管理。数据治理技术解决方案如图 2-6 所示。

（1）元数据管理。具体如下：

1）构建层级结构管理数据对象关系。

2）管理用户角色和职责。

3）管理业务社区。

图 2-6　数据治理技术解决方案

4）数据类型包括业务流程定义、业务规则、数据规则和其他数据治理元数据。

5）参考数据管理包括业务术语、数据字典。

（2）数据治理审批流程管理，包括业务流程、业务规则、数据规则的定义和审批流程。

（3）业务流程管理，通过 Collibra 加电子邮件的方式实现流程自动化覆盖：

1）数据治理规则管理。

2）存储客户化规则引擎 SQL 执行语句。

3）提供用户界面配置客户化规则引擎和元数据结果库。

A 公司的数据治理提供了三种不同治理场景应用，分别针对手工采集的规则、第三方不复杂质量规则、复杂质量规则。

（1）手工采集的规则：通过 Collibra 提供的规则引擎进行业务流程定义。

（2）第三方不复杂质量规则：引入第三方专业库的规则引擎，如斯伦贝谢的 ILX 可以对 Petrel Studio 或 Geolog 中的数据进行质量检核。

（3）复杂质量规则：通过定制化引擎自定义复杂的数据质量规则。

通过以上方式，基本可以实现对重要系统数据质量检核全覆盖，定期进行数据质量扫描，将质量检核结果存放在结果库中，通过 Oracle Viewer 或 Map Service 发布，用户和管理者可通过管理看板、邮件等多种方式看到结果。质量报告将根据情况发送给相关责任人，进行质量改进。

5. 建设与应用成效

数据治理是一个长期且持续的过程。经过 5 年努力，A 公司已经基本完成当初预设的目标，采用系统的数据治理方法，构建起完善的数据治理组织架构，组建了一支超过 20 人的专业数据治理团队，数据质量和数据完整性得到很大提升，为进一步开展数据分析和应用打下良好基础。

2.2.2　国内石油公司大数据治理

1. 案例背景

国内某综合性能源集团公司自"十二五"以来，信息化建设取得快速发展，成效显著。在该集团公司信息管理部统一规划下，勘探与生产分公司围绕上游业务，落实"共享石油"发展战略，目前结合"十三五"信息发展规划，提出了建设企业上游业务信息与应用共享平台的宏伟蓝图，旨在消除信息孤岛，实现勘探开发数据互联互通，搭建集科研、生产、管理于一体的统一共享平台，实现勘探生产、开发生产、协同研究及经营管理等方面的综合应用，提升上游业务运营能力。上游业务信息化建设蓝图主要是基于统一数据库、统一技术平台，实现勘探生产、开发生产、协同研究、经营管理及大数据分析等的集成应用，具体内容如下。

（1）统一数据库——通过数据联邦，构建上游业务统一数据库，实现数据即服务（DaaS）的应用机制，支持跨专业、跨机构的数据共享应用。

（2）统一技术平台——构建统一技术平台，为上游业务应用开发建设提供统一的支撑与治理平台（PaaS），为各专业业务用户提供统一的应用入口，改变传统"烟囱式"信息系统建设模式，实现对业务应用需求的敏捷支撑。

（3）通用业务应用——以统一平台为支撑，构建勘探生产管理、开发生产管理、协同研究、经营管理与决策四大领域应用，完整覆盖上游业务，支撑科研、生产、管理、决策一体化协同。

（4）实现愿景——逐步完成统建系统业务应用向统一平台的迁移与改造，最终构建上游业务统一的信息与应用共享平台，完整支撑上游业务运行与持续优化创新。

通过搭建统一平台，集成数据及专业软件，构建勘探、评价、开发全过程综合研究支撑环境，为实现上游业务信息化总体蓝图奠定基础。

2. 勘探开发数据模型

该集团公司应用数据联邦技术，对各统建库、油田自建库进行整合，实现勘探开发相关数据的一体化管理；采用的勘探开发数据模型基于统一数据标准，面向集成应用建立勘探开发一体化数据库，实现对勘探开发数据的统一管理与治理。统一数据库技术架构如图 2-7 所示。

图 2-7　统一数据库技术架构

统一数据库主要包括三方面：数据标准建设；勘探开发数据库一体化建设；勘探开发数据综合管理与治理。其中，数据标准建设主要是根据实际业务和应用需求，对已有模型标准进行扩展；勘探开发数据库一体化建设主要是实现相关统建和油田自建系统的多源数据集成与整合；勘探开发数据综合管理与治理主要包括主数据管理、元数据管理、质量控制、模型管理，从而基于主数据、元数据实现多源数据的统一管理，支持各类数据库互联互通。

勘探开发数据模型是该集团公司统建项目重要成果，涵盖上游业务，支持技术与管理数据、静态与动态数据一体化管理，在各油田广泛应用。勘探开发数据模型如图 2-8 所示。

图 2-8　勘探开发数据模型

3. 勘探开发数据湖建设

数据湖是一项与大数据息息相关的技术，是一种在系统或存储库中以自然格式存储数据的方法。它有助于以各种模式和结构形式配置数据，通常是对象块或文件。建设统一的数据湖后，可实现数据的逻辑统一和共享。本节主要介绍勘探开发相关业务的数据湖，以下从数据标准、数据质量、数据安全及数据集成四个方面进行详细阐述。

（1）数据标准

数据标准建设以井、井筒、作业阶段为主线，实现对钻、录、测、试等业务在资料采集、资料处理、资料解释阶段产生的技术数据的存储与管理，并通过井、井筒和组织机构、项目的关联关系，与日报数据、工程实时参数、气体实时数据等动态数据和人员管理、监督管理、队伍管理、资质管理等管理数据进行关联，从而实现技术与管理数据、静态与动态数据一体化管理。数据库中的数据包括实体数据、技术数据和生产数据三部分：

1）实体数据。具体如下：

管理实体：项目、组织机构。

技术实体：工区、地质单元、站库、井、井筒、设备、管线。

2）技术数据。具体如下：

工程数据：物探、钻井、录井、测井、试油、井下。

综合研究：区域地质、单井地质、样品实验、综合研究成果。

3）生产数据。具体如下：

开发生产：开发生产（油、气、水）、动态监测。

采油工艺：采油工程、地面工程。

生产管理：资源管理、设备管理、队伍管理、生产动态。

（2）数据质量

在数据质量管理方面，基于可定制的业务规则库，数据集成过程对数据质量进行扫描，保障联邦数据库数据质量；同时，定期生成数据质量公报，辅助推进数据质量的提升。数据质量管理架构如图 2-9 所示。

（3）数据安全

在数据安全方面，该系统作为实时的生产运行管理系统，需要 7×24h 不间断运行，所以必须做好系统的数据安全工作，具体如下：

1）数据传输

（1）集团公司与油田公司之间、油田自建库与上级平台之间通过广域网内网传输数据，在各链路节点对源区域、源地址、端口、协议设置防火墙安全策略，保证数据传输的安全。

图 2-9　数据质量管理架构

（2）针对用户通过 Internet 访问系统过程中存在的安全隐患，采取 SSL 安全协议，对远程用户访问过程及数据传输过程进行安全保护。

（3）核心数据在传输过程中进行加密处理，加密算法包括对称加密算法、非对称加密算法、不可逆加密算法。

（4）除必要的技术手段外，还要采取以下措施：建立、健全数据安全管理制度；标准化安全管理控制流程；加强系统操作人员在信息保密方面的培训，增强业务人员的信息安全意识；对系统的数据资源提供必要的控制手段等。

2）系统备份

数据安全在于防止涉密数据泄露和人为恶意破坏，对策是采用严格的用户管理机制和统一的防病毒软件。为防止数据丢失，应进行有效的数据备份，其中包括对操作系统、应用软件和数据库定期的停机备份、在线联机备份、日志备份和升级备份等。

系统数据依托存储区域网络实现备份，通过本地备份和异地容灾备份，保证数据的安全性和可靠性。当系统出现故障或数据丢失时，应提供恢复系统所需的数据，保障生产的正常运行。

通过备份软件、备份服务器端/客户端、SAN 和存储设备建立一套完整的备份系统，对备份数据进行统一管理和维护。在备份服务器端，制定备份策略，确认备份内容、备份时间及备份方式；在备份客户端，设置备份脚本，定时启动备份进程，将存储在磁盘阵列中的生产数据通过 SAN 备份至备份存储设备中，及时监控备份作业执行情况。系统备份架构如图 2-10 所示。

图 2-10 系统备份架构

（4）数据集成

在数据集成方面，应用数据联邦技术，通过映射集成、数据缓存、数据连接等机制，集成统建及油田自建数据库，实现基于主数据、元数据的统一数据管理，支持各类数据库互联互通，建立面向应用的联邦数据库。数据集成架构如图 2-11 所示。

图 2-11 数据集成架构

对于主数据、元数据，采用数据同步工具进行同步集成；对于地震数据、井筒数据、研究成果等业务数据进行逻辑集成；对于实时数据，采用基本的数据连接方式进行访问，保证数据的实时性。

通过域名解析、访问策略、数据缓存，建立跨专业、跨层级（油田/总部）的联邦数据库统一访问入口，实现数据就近访问的高效应用机制。采用域名方式访问数据库，域名服务器根据客户 IP 地址，解析出附近的数据服务地址；通过访问策略，选择相应油田（或总部）的虚拟数据库。数据库应用入口示意图如图 2-12 所示。

图 2-12 数据库应用入口示意图

4. 建设与应用成效

该集团公司构建了统一数据湖和统一技术平台,支持油气勘探、开发生产、协同研究、生产运行及经营管理,实现了上游全业务链的协同共享,应用成效明显。

(1)针对油井物联网建设和应用存在的几项关键技术难题,依托勘探开发系统平台,创新开发出基于电参数大数据分析的抽油机井智能工况诊断。

(2)"石油大脑"是该集团公司基于勘探开发平台构建的油气生产作业人工智能赋能系统,通过提供行业人工智能模型算法服务、工作平台、边缘计算和防爆终端系统,帮助该集团公司快速构建面向生产作业场景的应用解决方案,用以提高现场工作效率和质量,减少人工作业,保障安全。

(3)基于勘探开发统一数据湖和云平台,在油藏数值模拟结果的基础上,采用可视化技术进行新区自动步井和老区井网加密,最大限度控制含油面积,实现交互式井网部署,为油田开发方案的编制提供便捷的应用工具。

(4)为了更好地为风险井位科学决策提供支撑,优化了网络速度,打通了软件集成平台连接通道,并利用多媒体超链接功能,实现了多媒体汇报与云平台交互联动功能,将"跨地域全天候协同办公"的构想变为现实。

目前,通用的协同研究环境应用取得预期效果,已应用于上百个勘探研究项目。数据准备时间由 5 小时缩短到 1 分钟以内,可通过"一键式"成图几秒钟完成图件的自动生成,实现了勘探业务研究工作由线下到线上、由单兵到协同、由手工到自动的转变，有效优化了工作流程，大幅提升了工作效率与决策水平。

2.3 大数据采集技术

在大数据的生命周期中，数据采集是第一个环节。大数据的采集主要有四种来源：管理信息系统、Web 信息系统、物联网系统和科学实验系统。不同的数据集中可能存在不同的数据结构和模式，如文件、XML 树、关系表等，表现为数据的异构性。对多个异构的数据集，需要做进一步的集成处理或整合处理，将来自不同数据集的数据收集、整理、清洗、转换后，生成一个新的数据集，为后续查询和分析处理提供统一的数据视图。下面将对 Hadoop 生态系统中几种比较流行的数据采集技术进行简单介绍。

2.3.1 Apache Sqoop

随着大数据变得越来越重要，数据管理员面临着不断增长的将数据从源系统转移到大数据分析系统的需求。Apache Sqoop 可以辅助进行这种数据迁移。Sqoop 是 Apache 旗下一款"在 Hadoop 和关系型数据库服务器之间传送数据"的工具。它可以实现将传统数据库中的数据导入基于 Hadoop 的 HDFS、Hive、HBase 等数据存储和管理系统，也可以实现从 Hadoop 文件系统中将数据导出到关系型数据库中。Sqoop 的功能如图 2-13 所示。

图 2-13 Sqoop 的功能

Sqoop 类似于其他 ETL 工具，使用元数据模型来判断数据类型。Sqoop 专为大数据批量传输设计，能够分割数据集，并创建 Hadoop 任务来处理每个区块。Sqoop 有一个非常小的命令集，其中包括导入和导出，可列出数据库和表信息，生成 Java 类来操纵数据，解析 SQL 命令及其他一些专门的命令。生成 Java 类的命令对于在 Hadoop 中编写 Java 应用进行数据操作特别有用。SQL 解析命令可以显示执行 SQL 语句的结果，这在搜索新数据库或产生复杂逻辑的查询时非常有用。同时，Sqoop 提供不同的数据导出模式（全量导出、增量导出和更新导出），为不同的应用场景提供选择模式。

2.3.2 Apache Flume

Flume 是 Apache 基金会的顶级项目，在加入 Apache 之前由 Cloudera 公司开发及维护。它是一个可靠的分布式系统，用于有效地从许多不同的源收集、聚合和移动大量日志数据到一个集中式的数据存储区。但 Flume 的使用不只限于日志数据，因为数据源可以定制，所以 Flume 可以被用来传输大量事件数据，包括网络通信数据、社交媒体产生的数据和电子邮件信息等。

图 2-14 为一个 Flume 数据流模型，将一个 Flume 事件定义为一个数据流单元。Flume Agent 其实是一个 JVM 进程，该进程中包含完成任务所需要的各个组件，其中最核心的三个组件是 Source、Channel 及 Sink。

图 2-14 Flume 数据流模型

Source 消费由外部源传递给它的事件。外部源以一定的格式发送数据给 Flume，这个格式的定义由目标 Flume Source 来确定。同样，定义一个 Thrift Flume Source 接收来自 Thrift Sink、Flume Thrift RPC 客户端或其他任意客户端（该客户端可以使用任何语言编写，只要满足 Flume Thrift 协议）的事件。Channel 可以理解为缓存区，用来保存从 Source 获取的数据，直到 Sink 将数据消费掉。Sink 从 Channel 消费完数据后就会将数据从 Channel 中清除，随后将数据放到外部存储系统（如 HDFS）中，或者发送到其他 Flume Agent 的 Source 中。不管是 Source 还是 Sink，都是异步发送和消费数据的。

Flume 可以将多个 Agent 流串联起来，如图 2-15 所示。

图 2-15 多个 Agent 流串联

事件被存储在每个 Agent 的 Channel 中。随后，这些事件会被发送到流中的下一个 Agent 或设备存储（如 HDFS）中。只有事件已经被存储在下一个 Agent 的 Channel 中或设备存储中，当前 Channel 才会清除该事件。这种机制保证了流在端到端的传输中具有可靠性。Flume 使用事务方法（Transactional Approach）来保证事件的可靠传输。在 Source 和 Sink 中，将事件的存储及恢复作为事务进行封装，存放事件到 Channel 中及从 Channel 中拉取事件均是事务性的。这保证了流中的事件在节点之间传输是可靠的。

事件在 Channel 中进行，该 Channel 负责保障事件从故障中恢复。Flume 支持一个由本地文件系统支持的持久化文件（文件模式：channel.type = "file"）Channel。它也支持内存模式（channel.type = "memory"），即将事件保存在内存队列中。显然，内存模式的性能会更好，但是当 Agent 进程无法正常运行时，内存模式下存储在 Channel 中的事件将丢失，无法恢复。

2.3.3 Gobblin

Gobblin 是一套分布式数据集成框架，旨在简化大数据集成工作当中的各类常见任务，具体包括数据流与批量生态系统的提取、复制、组织与生命周期管理，由 LinkedIn 贡献给 Apache 基金会。它目前已成为整合各种数据源的通用型 ETL 框架，各种数据都可以在这里"一站式"解决 ETL 过程。它专为大数据采集而设计，易于操作和监控，提供流式抽取支持。Gobblin 框架如图 2-16 所示。

Gobblin 支持三种部署方式，分别是 Standalone、MapReduce 和 MapReduce on YARN，可以方便、快捷地与 Hadoop 进行集成，运行时有任务调度和状态管理功能，对于失败的任务还提供多种级别的重试机制，可以充分保证数据抽取的可靠性。最上层由 6 大组件组成执行单元。这 6 大组件的设计也正是 Gobblin 高度可扩展的原因。

这 6 大组件分别是 Source、Extractor、Converter、Quality Checker、Writer 和 Publisher。其中，Source 主要负责将源数据整合到一系列 Workunit 中，并指出对应的 Extractor 是什么。Extractor 则通过 Workunit 指定数据源的信息，如 Kafka，指出 Topic 中每个 Partition 的起始

Offset，供本次抽取使用。

图 2-16　Gobblin 框架

Gobblin 使用了 Watermark 的概念，记录每次抽取的数据的起始位置信息。Converter 是转换器，即对抽取的数据进行一些过滤、转换操作，如将 JSON 格式的数据转换为需要输出的格式，转换操作也可以将一条数据映射成 0 条或多条数据。Quality Checker 即质量检测器，有两种类型的检测器：Record-level 和 Task-level。通过手动策略或可选策略，将被检测的数据输出到外部文件或在输出路径中给出警告。

Writer 用于写出导出的数据，但这里并不是直接写到输出路径中，而是写到一个缓冲路径（Staging Directory）中。当所有的数据被写完后，才写到输出路径，以便被 Publisher 发布。Sink 的路径可以包括 HDFS、Kafka、S3，而格式可以是 Avro、Parquet、CSV 格式。同时，Writer 可根据时间戳，将文件输出到按照"小时"或"天"命名的目录中。

Publisher 根据 Writer 写出的路径，将数据输出到最终的路径。其提供两种提交机制：

完全提交和部分提交。如果是完全提交，则需要等到 Task 成功后才提交数据；如果是部分提交，则当 Task 失败时，有部分在 Staging Directory 中的数据已经被提交到输出路径。

2.4　人工智能的概念

人工智能是致力于创造智能机器的科学和工程学领域，特别是创造具有执行复杂任务的智能行为的计算机程序和系统。这些任务通常是人类智能所特有的，如学习、推理、解决问题、知觉、语言理解和创造力。以下是人工智能的一些基本概念：

（1）智能体（Agent）：可以是能够感知环境并采取行动以达成目的的人、动物或机器的实体。

（2）感知（Perception）：智能体获取环境信息的过程，如通过摄像头、话筒等传感器。

（3）表示（Representation）：将感知到的信息转化为计算机可处理的形式，如符号、规则或神经网络权重。

（4）推理（Reasoning）：根据已有知识和规则，推导出新的结论或决策的过程。

（5）知识（Knowledge）：智能体对世界的理解，包括事实、规则和经验等。

（6）学习（Learning）：通过从数据中找到模式和规律，积累经验并提高能力。

（7）规划（Planning）：根据目标和环境状态，生成一系列行动达成目标的过程。

（8）决断（deco）：在多个自选动作中选择最佳动作的一种流程。

（9）自然语言处理（Natural Language Processing）：使计算机理解、生成并处理人类语言的技术。

（10）计算机视觉（Computer Vision）：让计算机理解和解释视觉信息（如图像和视频）的技术。

人工智能可以分为以下三个层次：

（1）弱人工智能（Weak 人工智能）或狭义人工智能（Narrow 人工智能）：专注于语音识别、图像分类等解决特定问题的人工智能系统。

（2）强人工智能（Strong 人工智能）或通用人工智能（General 人工智能）：人工智能系统能够像人类一样思考推理，目前仍然是一个理论概念。

（3）超人工智能（Super 人工智能）：超越人类智能的人工智能系统，具有自我意识和情感，目前仍是科幻的概念。

目前，大多数实际应用都属于弱人工智能，如语音助手、推荐系统、自动驾驶等。强人工智能和超人工智能仍是未来研究方向。

2.4.1 机器学习

机器学习（Machine Learning）是人工智能的一个分支，核心思想是开发算法和统计模型，使计算机能够从数据中自动学习和改进，而无须进行明确的程序编写。机器学习利用算法分析数据中的模式，学习数据，并做出决策。机器学习的核心是开发算法和模型，使计算机能够识别数据中的模式和规律，并利用这些模式来做出预测或决策，而不是遵循严格的程序指令。机器学习通常可分为三种主要类型：①监督学习。在监督学习中，模型学习的是标记的训练数据，每个训练样本中包含一个输入向量，以及对应的目标输出标签。模型的目的是学习输入到输出的映射函数，以便当提供新的、未见过的数据时，模型能够预测正确的输出。常见的监督学习任务包括两大类：分类（预测离散标签）和回归（预测连续值）。②无监督学习。在无监督学习中，涉及从数据中学习模式，无标记响应。这种类型的学习试图找出数据中的结构，常见的任务包括聚类（将数据作为分组的子集）和降维（减少数据中的变量数量，同时保留重要信息）。③强化学习：在强化学习中，学习者或"聪明的身体"通过与环境的互动来学习行为策略，其目标是累积奖励的最大化；它不是从数据集中学习，而是从试错和环境给出的反馈中学习。

机器学习的常见算法如下。

1. 线性回归

线性回归（Linear Regression）：用来预测连续值，模型试图发现特征与输出的线性关系。

2. 决策树

决策树（Decision Trees）：通过学习树状结构，由简单的决策规则推导出来的数据标签（DataTag）。

3. 随机森林

随机森林（Random Forests）：分类回归任务的多个决策树组成的一体化学习方法。

4. 支持向量机

支持向量机（Support Vector Machines，SVM）：用于分类和回归任务的强大模型，它试图找到不同类别之间的最佳边界。

5. 神经网络

神经网络（Neural Networks）：包括通过模拟人脑结构和功能来处理复杂数据模式的深

度学习模型。

2.4.2 神经网络

神经网络技术是模仿人类大脑结构和功能的计算模型，用以识别数据中复杂的模式和关系。在处理图像识别、语音处理、自然语言理解等任务时，这种技术在机器学习和深度学习领域发挥着核心作用。

1. 神经网络的基本结构

神经网络包含多个节点（或神经元），由多个层组成。每个节点接受前一层的输入，经过一个非线性激活函数处理后进行加权求和，并向下一层传递输出结果。神经网络的基本构造一般包括以下几方面：

（1）输入层：接收原始数据的输入。

（2）隐藏层：每层包含若干神经元的一个或多个，负责对输入资料的处理和特征的提取。

（3）输出层：产生分类标签或连续值等最终输出结果。

2. 激活函数

激活函数在神经网络中起到非常关键的作用。它决定了一个神经元是否应该被激活，帮助网络能够捕捉到数据中的非线性复杂关系。常见的激活函数包括以下几种：

（1）Sigmoid：在二分类题的出题层中常用的是将输入压缩到 0 到 1 之间。

（2）ReLU（Rectified Linear Unit）：对输入只保留正数部分，是最常用的隐藏层激活函数之一。

（3）Tanh（Hyperbolic Tangent）：将输入压缩到-1 和 1 之间，外形类似 Sigmoid，但幅度更大。

（4）Softmax：常用于输出各分类的概率分布的多分类问题输出层。

3. 学习过程

神经网络的学习过程一般包括向前传播与反向传播两个阶段。

（1）向前传播。资料由输入层流到输出层，各层神经元处理资料。

（2）反向传播。计算输出结果与期望值的差值，并根据差值对网络中的权重和偏置进行梯度下降法或其他优化算法的反向调整，从而最小化误差，使网络输出的结果尽可能地接近期望值。

4. 损失函数

损失函数是用来评估预测结果和实际数值在神经网络上的差异。要训练出有效的模型，选择合适的损耗函数是必不可少的。常见的损耗功能有以下两种：

（1）均方误差（MSE）：常用于回归问题。

（2）交叉熵损失：常用于分类题，特别是在二类题或多类题中应用较多。

5. 优化算法

优化算法是为了提高模型的预测性能而对网络进行权重和偏置的更新。常用的优化算法有以下几种：

（1）随机梯度下降（SGD）：每次迭代使用一个样本来更新参数。

（2）动量（Momentum）：考虑到前面梯度的作用，SGD 的加速就可以。

（3）Adam（Adaptive Moment Estimation）：目前最流行的一种优化方法，将动量与适应性学习率技术相结合。

神经网络技术是目前人工智能领域最核心的技术之一，通过模拟人脑的处理方式，能够处理复杂的数据和任务。神经网络的能力和应用范围将随着技术的进步和数据量的增加而不断扩大。

2.4.3 深度学习

深度学习是机器学习的一个子领域，主要依靠使用深层神经网络模拟人类大脑的决策结构，从而解决复杂的模式识别和预测问题。深度学习模型通过多层次的抽象和数据表示，能够自动学习和提取数据的重要特征，无须人工干预进行特征工程。这是深度学习和传统机器学习法的一个主要的不同之处。

1. 深度学习的核心：深层神经网络

深度学习模型通常由多个层次构成，每个层次由模拟人脑中神经元功能的多个神经元构成。这些层叫作隐藏层，每一层通过权重和偏置将各层之间的输入数据转化并提取特征。深度学习的"深度"指的是模型中的隐藏层数量，层数越多，模型通常具有越强的学习能力和表现能力。

2. 关键技术与方法

（1）反向传播算法。这是通过计算损失函数对各权重的梯度，然后利用这些梯度更新权重，将误差最小化的一种训练深层神经网络的方法。

(2)激活函数。如 ReLU、Sigmoid 和 Tanh 等，它们在输入数据中帮助网络捕捉非线性关系。

(3)正则化技术。如 Dropout、L2 正则化等，都是为了防止模型过度拟合而设计的。

(4)批量归一化。这是通过标准化层的输入来提高网络训练进程的一种加速深层神经网络训练的技术。

(5)优化算法：如 SGD、ADAM 和 RMSPROP 等，都是为了有效更新网络权重。

3. 应用领域

深度学习已被广泛应用于以下多个领域。

(1)计算机视觉。如图像分类、物体检测、图像分割和人脸识别等。

(2)自然语言处理。如语言翻译、情感分析、文本生成和语音到文本转换等。

(3)音频处理。如语音识别、音乐生成和音效分类等。

(4)自动驾驶。如车辆检测、行人检测和交通标志识别等。

(5)游戏。如人工智能在棋类游戏和视频游戏中的应用。

4. 深度学习的挑战

深度学习虽然在许多领域都取得了令人瞩目的成就，但仍面临一些挑战：需要更高的计算资源；模型的解释性和可解释性较差；需要大量的数据来训练；涉及一些道德和伦理方面的问题。

(1)数据需求。深度学习模型需要大量的标记数据来训练才能取得较好的效果。

(2)解释性。由于深度学习模型通常是"黑盒"，其内部的决策过程和结果很难被解释。

(3)计算资源。训练深度学习模型通常需要强大的计算资源，比如高性能 GPU。

5. 未来趋势

深度学习的研究正在快速发展，未来的趋势可能包括更加有效的训练方法、更少的数据需求、更好的模型解释性以及新的应用领域。此外，将深度学习与其他机器学习方法进行结合（如强化学习）也是当前的研究热点。

2.4.4 自然语言处理

自然语言处理（Natural Language Processing，NLP）涉及计算机与人类（自然）语言之间的相互作用，是人工智能（人工智能）和语言学领域的一个分支。其主要目标是使计算机能够理解、解释、生成和响应人类语言的方式，以便无缝地执行各种任务。这些任务可以包括翻译语言、响应口头指令、总结大量文本数据和情感分析等。

（1）自然语言处理技术试图解决以下两个基本问题：

1）理解（NLU）。计算机对人类语言中的字、组、句、词的意思是怎样理解的？这包括语法分析、语义分析、上下文理解等。

2）生成（NLG）。基于理解的内容，计算机是怎样生成人类自然语言反应的。这涉及文本的结构、语法正确性以及语言的流畅性。

（2）自然语言处理包括多种技术与任务，主要有以下几种：

1）分词（Tokenization）：将文本分割成单词、短语或其他有意义的元素（称为"token"）。

2）词性标识（POS）：在文中标出每个字的词性（如名词、动词等）。

3）命名实体识别（NER）：识别文中的专有名词和名词，如人名、地点和组织名称等。

4）依存分析（Analysis）：在文章中分析单词的依存关系，从而建立句子结构。

5）情感分析（SA）：对情感倾向，如正面、负面或中性的文字表达进行判断。

6）机器翻译（Machine Translation）：将一种语言的文字自动地翻译成另一种语言的文字。

7）对话系统（Dialogue Systems）：开发聊天机器人、虚拟助手等能够与人类自然沟通的系统。

8）文本摘要（Text Summarization）：自动创建文本内容的简短、凝练的摘要。

（3）自然语言处理的实现依赖于多种技术和方法，包括以下几种：

1）统计学习法：从大量的文字资料中，运用统计技术进行语言模式的学习。

2）机器学习与深度学习：利用算法模型，如决策树、支持向量机、神经网络等，对语言进行理解与生成。

3）语言模型：如 n-gram 模型、隐马尔可夫模型（HMM）及近年来非常流行的基于 Transformer 的模型（如 BERT、GPT）。

（4）自然语言处理技术虽然进步明显，但面临的挑战依然不少：

1）歧义分析：自然语言中充满歧义，不同语境中的同一个词的含义可能不同。

2）语言的多样性和变化：不同地域、不同文化背景的人，可能在语言习惯、表达方式、语言等方面都有很大的差异。

3）非结构化材料的处理：大量自然语言材料是非结构化的，在提取有用的材料时，需要经过复杂的处理。

自然语言处理作为人工智能领域的一个重要分支，其研究和应用对促进人机交互、数据分析和信息获取等方面具有重要意义。随着技术的不断进步,自然语言处理将在更多领域展现出其强大的潜力。

2.4.5 多模态技术

多模态技术是指在人工智能系统中对来自不同传感器或数据源的多种类型信息进行综合处理的技术。这些信息类型可以包括文字、图片、视频、音频等各种资料。多模态技术的核心目标是实现比单一模态更加复杂和全面的任务处理,通过将来自不同模态的数据整合在一起,提高对信息的理解能力。

1. 多模态技术的核心技术

模态:在多模态技术中,模态是指文字、图像、音频等数据的类型或形态。

多模态融合:这是多模态技术的核心,将来自不同模态的信息如何有效地结合在一起。融合可以在不同的层次上进行,例如特征级(将不同模态的特征直接融合在一起)、决策级(将各自的决策结果融合在各个模态独立处理后)等。

多模态表示:将来自不同模态的数据转换成能够表达其共有信息的形式,才能有效地融合和处理。一般都会涉及特征提取、降维等手法。二、多种场景下的多模态技术运用十分广泛。

2. 多模态技术应用场景

(1)人机交互。如智能助手能够理解语音命令的同时分析用户的表情和手势。

(2)自动驾驶汽车。结合视觉、雷达(LIDAR)和声音等多种传感器数据来进行决策和导航。

(3)健康监测。提供个性化的健康建议,将生理信号、运动数据和环境信息结合在一起。

(4)内容分析和推荐系统。如视频推荐系统可以通过分析视频内容的文本描述、音频和视频信息来提供更精准的推荐。

(5)安全监控。结合视频监控、声音识别和其他传感器数据来提高监控系统的效能和响应速度。

3. 多模态技术涉及的技术

(1)数据预处理。不同模态的数据需要被清洗和标准化,以便于处理。

(2)特征提取。从每一种模态中提取有用信息,并将其转化为格式,供机器学习算法处理。

(3) 模态融合算法。开发特定的算法,来有效地结合来自不同模态的信息。这可以是早期融合(在输入阶段结合)、中期融合(在特征阶段结合)或晚期融合(在决策阶段结合)。

(4) 机器学习和深度学习。使用算法模型来学习如何从多模态数据中提取和融合信息,常见的模型包括神经网络、随机森林等。

4. 多模态技术面临的挑战

(1) 数据的不一致性。不同模态的数据可能在时间和空间上不一致,如何有效同步和对齐是一个问题。

(2) 复杂的融合机制。不同模态数据的融合机制设计复杂,需要精确处理以保证信息的有效性和完整性。

(3) 计算资源需求。处理和融合多模态数据通常需要大量的计算资源,尤其是在实时应用中。

2.4.6 生成式人工智能和人工智能大模型

生成式人工智能(Generative AI)和人工智能大模型(Large Language Model)是现代人工智能领域的两个重要概念。两者是环环相扣、互为补充的技术实现和应用。以下对这两个概念和它们之间的关系做一个详细的探讨。

1. 生成式人工智能

生成式人工智能是指利用机器学习技术产生新内容、数据或模式的一类技术。这种类型的人工智能不仅是对现有信息的分类或识别,而且能够创造出全新的、以假乱真的输出,这些输出可以是图像、文本、音乐和语音等。

生成式人工智能的主要技术如下:

(1) 生成对抗网络(GANS):通过让两个神经网络(生成器和判别器)互相竞争,产生新的数据样本。

(2) 变分自编码器(VAEs):使用概率编码和解码技术来生成新的数据实例。

(3) 通过条件概率分布学习序列产生新的序列数据,如 PixelRNN。

2. 人工智能大模型

人工智能大模型是指具有大量参数和复杂结构的机器学习模型,通常需要大量数据和运算资源进行训练。这类模型在处理大规模和复杂的数据集时表现出卓越的性能,能够捕捉到数据中的深层次模式和关联。

人工智能大模型的主要技术如下。

（1）深度学习网。如卷积神经网络、RNS、变形金刚模型。

（2）预训练模型。如 BERT、GPT 系列，这些模型在大规模数据集上预训练后，可以适用于多种不同的下游任务。

3. 生成式人工智能与人工智能大模型的关系

（1）技术整合。生成式人工智能往往使生成内容的质量和多样性在大模型技术的帮助下得以提升。例如，GPT-4 是一个大型的语言模型，能够生成极其自然的文本，这是生成式人工智能的一个应用。

（2）共同进步。随着人工智能大模型技术的发展，生成式人工智能的应用更加广泛，功能更加强大。人工智能大模型提供了更深层次的数据理解能力，使得生成的内容更加精准和逼真。

（3）应用互补。在许多应用场景中，生成式人工智能和人工智能大模型共同工作，提供更加完整的解决方案。例如，在自动驾驶车辆中，生成式人工智能可以用于生成模拟数据以训练决策系统，而人工智能大模型则用于处理实时的复杂交通情况。

（4）挑战共享。两者都面临着伦理和偏见的问题。生成式人工智能可能被用于生成虚假信息，而人工智能大模型由于其不透明性，可能会编码和放大现有的偏见。

生成式人工智能和人工智能大模型虽然各有侧重，但在现代人工智能的发展中，它们相互依赖、互补，共同推动了人工智能技术的边界。随着技术的进步，我们预见它们将在更多领域展现出更大的潜力和价值。

2.5 人工智能与大数据的关系

人工智能与大数据的关系可以从多个维度进行深度融合。这两者之间的互动不仅推动了工业领域的技术革新，而且也为企业带来了显著的经济效益。

企业中的大数据来源广泛，既有生产线数据，也有设备传感数据，还有物流数据、品控数据等。这些数据的复杂性往往非常高。人工智能技术，尤其是数据挖掘和机器学习算法，可以帮助企业从这些复杂的数据中提取有价值的信息。通过整合来自不同源的数据，人工智能可以帮助构建一个全面的数据视图，从而更好地理解和优化生产过程。

人工智能在识别数据中的规律和趋势预测等方面尤其擅长。在企业的大数据应用中，人工智能可以通过历史数据学习来预测未来的趋势。例如，人工智能的数据模型可以预测设备可能发生故障的时间，通过分析历史维修数据和机器性能数据来实现预测性维修。这样不仅可以减少意外停机的次数，还可以明显降低维修成本。

人工智能和企业大数据的结合带来了生产上的革命性变革。通过高效地处理和分析大量的数据，人工智能不仅提高了生产效率和产品质量，还增强了企业的市场竞争力。

2.5.1 人工智能的数据基础

人工智能的发展和应用高度依赖于数据，尤其是大数据。数据不仅是人工智能系统学习和训练的基础，也是其进行决策和预测时的关键信息来源。

1. 数据的种类

人工智能系统可以处理多种类型的数据，具体包括以下几种：

（1）结构化数据。这类数据通常是以固定的格式或模型保存在传统的数据库中，如表格资料、SQL 数据库中的资料等。

（2）非结构化数据。它包括文本、图像、视频和音频等数据。这些数据没有固定的格式，相对于结构化数据而言处理更为复杂。

（3）半结构化数据。它介于结构化和非结构化数据之间，如 JSON、XML File 等。

2. 数据的质量

数据质量的好坏直接影响着人工智能的表现。高质量的数据具有以下特点：

（1）准确性。数据应准确无误，没有错误。

（2）完整性。数据集应完整，没有缺失值或空白字段。

（3）一致性。数据在不同源之间应保持一致，没有矛盾。

（4）时效性。数据应是最新的，反映最近的情况。

（5）相关性。数据应与所要解决的问题密切相关。

3. 数据的规模

人工智能通常需要大量的数据进行有效的训练，特别是深度学习模型。模型的泛化能力和准确性受到数据规模大小的直接影响。在许多情况下，更多的数据可以帮助模型更好地理解复杂的模式，从而提高其性能。

4. 数据的获取

获取数据可以通过以下多种途径。

（1）公开数据集。例如 ImageNet（图像处理）、Common Crawl（文本数据）等。

（2）通过 APIs 收集。例如社交媒体数据、经济数据等。

（3）传感器和 IoT 设备。在工业、医疗、交通等领域收集的实时数据。

（4）用户产生的数据。用户交互产生的数据，比如电商网站的购买历史。

（5）合成数据。通过算法生成的数据，用于训练模型，尤其在隐私、敏感或数据稀缺的领域。

5. 数据预处理

数据预处理的一系列步骤通常需要进行，包括用数据对人工智能模型进行训练。具体如下：

（1）数据清洗。移除或修正错误的数据。

（2）资料规范/归一化。在一个标准范围内调整资料规模。

（3）特色提取精选。从原始数据中提取有用信息，筛选出特色，对模型训练有所帮助。

（4）数据增强。特别是在图像和音频处理领域，通过技术手段增加数据的多样性。

2.5.2 大数据的二次挖掘

在人工智能赋能下的大数据二次挖掘是一个高度动态且极具潜力的领域。利用人工智能技术，能够从已有的大数据集中进一步提取价值，发现更深层次的洞察和模式。这一过程不仅增强了数据的实用性，还为决策提供了更加精准的支持。人工智能赋能下进行大数据二次挖掘的几个关键步骤和技术如下。

1. 数据整合与再处理

在进行二次挖掘之前，整合、再加工现有数据是必需的。这包括将不同来源和格式的数据统一，再次清洗数据以去除错误和重复项，以及进行必要的数据转换。人工智能技术，如自然语言处理（NLP）和机器学习算法等，能够将这些过程自动化，提高效率和精确度。

2. 高级数据分析

利用人工智能技术，如深度学习和复杂的数据挖掘算法，可以在原始数据挖掘的基础上进一步探索数据。例如，可以使用聚类分析来识别数据中未标记的相似群体，或使用关联规则学习发现不同数据项之间的隐藏关系。

3. 预测建模

人工智能可以用来构建更复杂的预测模型。例如，通过训练神经网络或随机森林模型，可以基于历史数据预测未来趋势或用户行为。这样的预判能力能够让企业更好地做出基于数据的决策。

4. 异常检测

人工智能技术特别适合于从大数据中识别异常或异常行为。这对于欺诈检测、网络安全和质量控制等领域尤为重要。二次挖掘后，异常检测的精确度和效率可以通过更复杂的模型来实现。

5. 个性化和推荐系统

通过分析用户行为数据，人工智能可以帮助企业开发个性化的产品推荐系统。这些系统能够根据用户过去的行为和偏好，预测他们可能感兴趣的新产品或新服务，从而提高用户的满意度和增加销售额。

6. 数据可视化和解释性

数据可视化是认识复杂数据集的关键，人工智能可辅助创建动态的数据可视化，帮助人们直观地认识数据模式与关系。另外，随着人工智能模型复杂程度的提高，提高模型的可解释性也就变得必不可少了。LIME 和 SHAP 等工具可帮助解释模型的决策过程，从局部和整体两个方面进行模型解释。这有助于人们更深入地了解数据所表达的信息。

人工智能在大数据二次挖掘方面的应用，既能对已有数据进行深入的分析，又能开发新的业务机会，并增强决策支持系统的作用，是提升数据价值的重要途径之一。

第 3 章
天然气开发行业的大数据分析

天然气作为最具潜力的清洁能源之一，是能源转型的主力军。近年来，我国天然气需求旺盛，发展迅猛，在能源结构中的比例上升到 6.2%，但仍远低于世界平均水平。相关规划明确提出，到 2020 年，天然气在中国一次能源中的消费比重达到 10%。

未来我国天然气需求持续旺盛，将呈现出以发电气、工业燃料气、城市燃气及交通运输气为主体的多元化消费结构。2020 年产量为 1 800 亿立方米，2030 年预计产量为 2 520 亿立方米，表现为常规气稳定发展、页岩气快速上产、煤层气稳步推进的发展态势。常规气 2016 年产量为 918 亿立方米，2020 年为 1 115 亿立方米，2030 年预计为 1 300 亿立方米。非常规气 2016 年产量为 453 亿立方米，2020 年为 685 亿立方米，2030 年预计为 1 220 亿立方米，其中，页岩气是产量增长主体。

由以上数据可以看出，未来，我国天然气开发行业将迎来大发展，天然气产量将出现井喷式增长。与此同时，随着大数据、人工智能分析手段的发展，智慧气田建设将不断加速，未来国内将出现一大批在产能和技术方面均达到世界级水平的大型气田。

3.1 天然气开发行业信息化现状

气藏开发工程是一项复杂、多阶段的系统性工程，而在气田开采环节主要依托集气站场及其管网，对井下采出的天然气进行节流降压、分离计量，经由管道外输至集气站，再由气田内部集输管道输送至天然气处理厂。为了防止生成水合物，井站需要采取防冻堵措施。

典型的井站主要包括以下生产设备：

（1）工艺设备。它包括采气树、加热炉、分离器、注醇装置和管线等，这些设备是开采和输送天然气的必要装置。

（2）控制设备。它不仅包括直接安装在设备或管道上的节流阀、压力和温度变送器、安全紧急切断阀和泄漏检测仪表等，还包括 RTU 和 SIS 系统，构成了完整的实时监控体系。

（3）公用工程设备。它主要有第三方的成套设备，如空压机、UPS 装置等，这些设备是辅助生产的必要单元。

井口气被输送至天然气处理厂后，经过净化、脱水等工艺流程，通过各类设备去除天然气中的杂质和有害物质，最终成为商品气被直接送往客户处。

典型的天然气处理厂主要有以下生产装置：

（1）天然气脱硫脱碳装置。

（2）天然气脱硫醇装置。

（3）天然气脱水装置。

（4）LPG 回收装置。

（5）硫磺回收装置。

（6）外输压缩机组。

天然气开发行业的大数据分析是指围绕生产相关的重要节点，以及生产中各类辅助设备的可靠度和运行状态等，从部分到整体全方位地进行分析、评估和预测。

目前，在天然气开发领域，建设智慧气田是大势所趋。智慧气田有 3 个标志，即完备的基础设施建设——油气田物联网、完备的数据治理工程——云数据云服务、完备的智慧汇聚工程——大数据智能集成。其核心要素分为 5 大类（技术、数据、软件、工程、人工智能与大数据），约 80 多个小类，而人工智能与大数据是智慧气田建设的重中之重。

例如，以中国石油西南油气分公司为代表的重点企业正在快速推进智慧气田建设，其目标可以简单总结为"全面感知、自动操作、预测趋势、优化决策"，期望通过加快数字化、智能化进程，提升管理效率和发展质量。数据资源中心是西南油气分公司所有信息化应用的基础和核心。近年来，通过高水平数字化建设和坚持不懈的智能化探索，前端实现了自动采集、自动传输、实时感知，中端实现了安全存储、实时监控、集中管理，后端初步实现了技术支撑、智能分析与辅助决策。通过构建"单井无人值守+区域集中控制+调控中心远程支持协助"的管理模式，实现了数字化条件下的开发转型升级。通过"智能大脑"建设，分析海量生产数据，能够全面感知生产运行状态，提前发现设备故障，提高系统可靠性，指导操作、检修体系高效运转。

目前，天然气开发过程中的油气信息化建设已经日臻完善。气井场站及天然气处理厂集中的各类生产流程设备涉及海量的现场实时监控传感器数据，各个 RTU 或 SIS 控制器本身的状态日志或实时性能数据，以及第三方成套设备单元的大量通信数据。这些都是当前气田企业要面对的数据，但目前这些数据仍然以一种近乎无序的状态进行存储，没有挖掘其在生产运行和管理方面的价值。

3.2 天然气开发行业的大数据分析需求

美国能源部表示，对于石油和天然气公司而言，实施预测性维护可将维护成本减少30%，将故障消除70%，并将停机时间减少40%。目前，中国石油、中国海油等能源央企已经开展了大量的试点工作。以中国石油川中油气分公司的气田"智能大脑"项目为例，该项目经过一段时间的调试运行和磨合优化后，取得了良好效果。气田"智能大脑"不仅可以实时提供气田多角度的分析、统计、展示，还简化了操作、维护、管理流程。同时，每一个重要操作节点都留有相应管理痕迹，负责人清晰、明确，使工作过程更加精细化、规范化和智能化。该项目为气田的连续、安全、稳定、降成本运行，提供了新的思路和管理抓手。

天然气开采环节是整个商品天然气供应链的控制性环节。为此，气田需要建立一套有效的分析保障体系，在井站出现停产风险时做到及时发现、尽早排除，确保生产的连续、稳定。事实上，井站停产风险来自多方面，当前的自动化生产控制过程中，在每一个节点上发生的意外事件都可能造成停产。据国内某气田统计，8年内共发生60余起异常关井事件，其中工艺故障造成的计划外停产约占50%；仪电系统、控制系统故障34起，占总故障数的50%。某气田故障数统计见图3-1。

图 3-1 某气田故障数统计

传统上认为生产工艺问题是唯一的管理核心，而事实上，大量计划外停产是由配套系统甚至第三方设备造成的。因此，这些潜在风险需要全部纳入大数据监控，使气田检修、决策部门对气田有更全面的了解和掌控。

天然气处理环节主要集中于天然气净化厂、轻烃回收工厂等大型集中处理单位。相比采气环节，天然气处理环节具有设备集中度高、控制水平高、工艺流程复杂等特点，因此更加关注以下三个问题：

（1）寻找装置最优操作点。

（2）单体过程设备是否存在安全隐患。

（3）核心动设备耗材残余寿命及潜在生产风险的判断。

在动态生产工况中，找到设备风险和工艺流程最佳操作方案是处理环节对大数据分析的核心诉求。

1. 需要大数据分析系统解决的问题

具体到气田日常生产管理工作，需要大数据分析系统解决以下几个问题：

（1）异常停产是什么原因导致的？是否有办法进行预防？

（2）气田的降本空间在哪里？

（3）自控系统是否稳定、可靠？

（4）安全联锁系统是否真正安全？

（5）生产流程设备、动设备是否存在亚健康状态？

（6）装置操作点是否处于优化状态？

（7）动设备关键部件的残余寿命是多少？

2. 天然气开发行业大数据分析内容

（1）对于气田生产开发过程，目前大数据分析内容主要包括以下几方面：

1）对生产工艺过程进行全面分析和监控。

2）工艺停产风险大数据分析。

3）生产药剂加注量最优化分析。

4）日常生产耗材的残留使用寿命和库存的经济合理性分析。

5）核心动设备（如压缩机、机泵等）的健康风险分析。

6）管网系统的全面感知和泄漏的动态分析。

7）仪电设备（如RTU、SIS、UPS等）的故障风险分析。

8）控制仪表/连锁仪表的可信度分析。

9）第三方装置（如UPS、空压机等）的状态异常分析。

10）更加直观、明了的监控与管理方案。

（2）对于天然气处理工艺装置，目前大数据分析内容主要包括以下几方面：

1) 高附加值产品的产率提升操作建议。
2) 保障溶液再生质量的控制参数动态设置建议。
3) 硫磺回收装置收率预测与控制参数排放超标滞后性动态控制建议。
4) 全厂能耗分析及效益最大化操作建议。
5) 动设备腐蚀状态评价。
6) 换热器早期内漏动态监控。
7) 过滤设备的过滤元件还能用多久，当前是否需要更换。

通过建立健全基于大数据的信息智能化分析体系，创建针对一个个具体问题的监控模型，实现对气田场站全面感知、预测趋势、优化决策的目标，保障最大产能的发挥，提升单位经济效益，同时快速定位故障，缩短检维修时间，提高工作效率。

3.3 天然气开发行业的大数据来源与特点

气田大数据采集平台实时采集气井站场及天然气处理厂生产网（RTU、DCS）和物联网的全部数据，对这些分散、独立的数据进行统一处理。主要数据类别如下：

（1）现场全部在线（智能）仪表的实时测量值、Hart 通信数据（包括 Hart 实时值、内部温度、自诊断等）、控制阀阀位反馈及其他状态信息。

（2）控制系统（如 RTU、DCS、SIS 系统）的底层数据，包括 CPU 状态、负荷、占用率、内部温度、扫描周期，以及内存占用率、总线状态、每种 IO 模块的状态和故障标志等。

（3）关键网络交换机和路由的上行流量、下行流量，以及采取其他协议（Modbus）进行通信的设备流量情况。

这些数据覆盖几十口气井和相关的天然气处理厂，以不到 0.1s 的间隔不断地向外发送，具有大数据的典型特征，即规模大、速度高、种类多、价值密度低。

3.4 天然气开发行业的大数据解决方案

3.4.1 大数据获取

确定分析场景后，需要根据实际情况梳理现场可以提供哪些数据，以及它们的来源。目前，大数据分析所需要的数据主要从现有系统中获取，同时以尽量不增加新的硬件设备和尽可能多地利用现有各类数据为原则。

数据获取方式举例如图 3-2 所示。由于工业现场对操作的安全性和稳定性的要求较高，选择分别从数据中心的生产网服务器和物联网服务器采集所需要的数据。通过部署在服务器上的专用接口等，将生产现场所有仪表和电气设备实时控制信号，各类控制器本身的状态、性能或故障信号，以及第三方成套设备通信状态信号等以规整的格式采集上来，作为大数据分析的数据源。

图 3-2　数据获取方式举例

3.4.2　大数据监控

采集的数据越全面，就越有助于从各个维度对影响气田安全的已知风险进行全方位监控。气田大数据分析系统构成图如图 3-3 所示。

针对具体的工业大数据监控分析和预测场景，首先需要对实际问题本身有足够、充分的理解和认识，才能获取对问题本身更有价值的数据点位，同时要进行专门的数据筛选（去除会影响机器学习正确性的数据，如停产等）；然后通过对历史数据的学习，得到解决问题的算法模型，经过调试和验证后，可用于特定问题的故障监控分析和预测等。典型场景模型建立方式如图 3-4 所示。

图 3-3　气田大数据分析系统构成图

图 3-4　典型场景模型建立方式

3.4.3　大数据可视化

通过地图拓扑的全局视角展示，整个气田所有设备状态一目了然。当出现告警提示时，直接以不同颜色进行标识，通过递进式的点击查看，可迅速确认故障的位置、类型和严重等级，同时可在线下发维保人员作业书，有效地提高了故障处置效率，降低了工厂运行风险，提升了管理水平。设备故障快速定位递进关系图如图 3-5、图 3-6 所示。

图 3-5　设备故障快速定位递进关系图（一）

图 3-6　设备故障快速定位递进关系图（二）

3.5　天然气开发行业的大数据分析方法

3.5.1　天然气开发风险预防性分析方法

1. 基于物理模型的方法

基于物理模型的方法使用残差值作为特征值，残差值通过对两组来源不同的数据不断进行检测对比而获得，这两组数据分别来自物理设备传感器和计算规则模型。这类方法的重点在于克服数据扰动、噪声和模型误差的影响。当偏差超出预设值时，判断研究对象的结果可能出现异常。

2. 基于知识驱动的方法

专家经验在天然气领域各个子系统中均有多年积累，在处理以往工程问题时也发挥了一定的作用。近年来，解决天然气工业问题的人工智能模型越来越倚重专家对问题本身的知识和经验判断。其建立过程包含知识获取、知识表述和模型确立三部分。其中，知识获取是最困难的部分，模型质量在很大限度上取决于专家知识的准确程度。

对专家知识、经验进行整理并遵循一定规则表达出来，可以是特殊规则、启发式规则等，也可以通过逻辑处理器将这些规则串联成规则链。已建立的专家系统不能处理规则未涵盖的新情况。

3. 基于数据驱动的方法

数据挖掘是指从大量不完整、有噪声、模糊的数据中提取某个特定数据投影中的信息，甚至知识。数据挖掘过程是以历史事实为基础的，通过分析数据表象，寻找辅助生产管理决策的规律的过程。

基于数据驱动的方法具体包括人工神经网络算法、遗传算法、粒子群算法、大数据分析算法和数理统计方法等。近年来，这类方法获得了越来越多的研究，目前在天然气工业领域已有较多成功案例。

目前，在天然气工业领域各大场景中，人工神经网络（ANN）是使用频率最高的数学工具之一。它通常由输入层、隐含层（多层）、输出层构成，每层由有限个神经元构成，这些神经元通过彼此的连接作用，自适应获取各个影响因素对核心关注指标的数字化影响权重，从而建立对核心关注指标的预测模型。现有神经网络种类繁多，主要区别在于神经网络的拓扑结构及信息流传递方式。

通过使用历史数据训练神经网络，可以在 ANN 一系列的输出和输入之间构建结构复杂的回归函数，常见的训练方式包括有监督学习和无监督学习。有监督学习通过一系列特定输入、输出关系，得到预测模型；无监督学习主要用于输入数据的分类。

ANN 在预测领域主要用于物理模型状态拟合，并在此基础上通过数值估计和实际运行绝对差的比较，来分析研究对象的失效特性和趋势偏离。建立 ANN 模型不需要先验经验和概率统计模型，能够简化模型集成过程。传统方法难以解决的问题，如非线性、高阶、时变动态系统等，都可以建立 ANN 模型，并且，可以通过对模型参数的调整，增强模型的容错能力，随着数据的积累，能够进一步提高模型预测精度。

一个设计良好的 ANN 模型能够快速、精确地在线完成分析工作，但如何才能建立一个良好的 ANN 模型呢？需要解决以下两个问题：

（1）基于业务理解，找到真正影响研究对象的要素指标，并进行数据清洗、空间降维、归一化等前期准备工作。

（2）根据实际需求，找到最合适的训练数据，让模型能够"见多识广"。在多数情况下，需要在模型训练阶段主动调整各种工况，获取用于训练模型的动态工况数据。

在天然气工业领域，遗传算法、粒子群算法等寻优算法大多用于寻找最优解，其目的是利用已建成的 ANN 模型，在寻优算法的帮助下，找到最优化的操作方案，多用于天然气处理装置运行参数优化。

3.5.2 设备性能退化分析方法

1. 支持向量回归

气井场站或天然气处理工厂会消耗一定量的备件和耗材，这些部件的性能退化规律通常是非线性的，而且往往只有小样本的学习数据。如何对此进行建模分析呢？基于统计学的支持向量回归是一种合适的方法。

现阶段，支持向量回归（SVR）已经在工业领域得到了广泛应用，如回归分析、函数分析和时间序列预测等方面，主要应用于设备退化建模问题。由于在实际生产情况下备件消耗频率较低，一般只有较小的数据样本，在此情况下建立退化模型时，必须考虑SVR的性能，需要利用核函数和遗传算法进行模型参数的优化比较，以保证最终预测模型预测的准确性和泛化能力。

2. 核函数

选择合适的核函数带来的好处非常多，它的本质虽然是对数据增加维度，但因为它本身只是一种非线性的变换关系，并没有增加维度的特性，所以能大大减少在高维空间里的计算量。它通过将输入空间映射到高维特征空间，解决各种低维空间中的线性不可分问题。

常用的几类核函数如下：

（1）线性核。

（2）多项式核。

（3）Sigmoid 核。

（4）Gaussian 核。

3. 主要思路

用支持向量回归模型进行失效曲线建模和剩余寿命预测的思路如下：首先，选择合适的核函数（如 Gaussian 核），并确定 SVR 模型中的参数；其次，将训练数据（部分样本数据）代入模型，并求解得到失效曲线模型；最后，用失效曲线模型对未来时刻的失效量进行预测，结合失效报警值，预计失效的最终时间，减去当前时间可得到设备的剩余寿命。

由 SVR 模型的原理可知，确定核函数类型后，不同的敏感参数和惩罚参数会影响模型经验风险和泛化误差，需要在实际的训练运算中对这些参数进行优化调整，以保证所建立的模型具有较高的预测精度和很好的泛化能力，避免"过学习"现象。

由于遗传算法（GA）具有良好的全局搜索能力，这里用 GA 对模型参数进行优化。用 GA 进行参数优化与普通神经网络训练和预测计算类似，也是先选取一部分数据学习，将剩下的数据用于验证。GA 可以根据其自身的适应度函数值反复迭代，寻找全局最优解。在 GA 找到最优解后，将最优参数代入 SVR 模型，并用全部数据样本训练求解，最后得到的非线性回归函数就是设备失效曲线模型。

4. 退化模型举例

以气井场站常见的设备过滤分离器为例，在日常生产过程中，其过滤和分离性能指标 y 会随着运行时间 t 呈现出递减的变化趋势，当指标 y 达到 σ（报警阈值）时，设备性能失效。在设备运行时间内，对指标 y（系统压降）一共进行了 n 次测量，得到设备的历史性能退化数据样本。然后，根据这 n 个数据样本，结合 SVR 构造出 y 关于 t 的函数。

3.6 天然气开发行业的大数据分析案例

3.6.1 应用场景

1. 工艺参数异常监控对象

对于气田前端开发而言，核心目标是追求生产系统的安全、稳定运行。在工艺操作条件不变时，最关注以下参数的异常波动：

（1）产量异常波动。在工艺主动控制参数不变时，天然气产量大幅波动，可能原因是节流阀工作异常、天然气输送管道存在段塞流（伴随压力波动）、下游管道系统压力突变。具体是什么原因，需要专家系统根据产量波动时的数据表现做进一步逻辑判断。

（2）井站节流压力短时间大幅波动。在工艺主动控制参数不变时，天然气压力大幅波动，对此需要重点关注，防范可能的设备失效故障。

（3）井站节流压力缓慢攀升或下降。在工艺主动控制参数不变时，天然气压力缓慢攀升或下降（与压力测点工艺位置有关），需要防范冰堵风险。

（4）井站分离器压降异常。分离器压降会随处理气量动态变化，在动态变化中找出异常，用以判断丝网填料是否失效或是否需要更换。

2. 优化药剂用量

日常生产中，药剂一般采用定量加注方式。该方式的好处在于保持全量加注，能够满足工艺需要，操作非常简单。气田设备运行受到环境条件、操作负荷等诸多因素的影响，为适应各种工况，设计时通常选择最恶劣的工况作为设计依据，设计加注量通常过多，造成药剂的大量消耗，同时可能导致一定环保问题。最佳方式是根据工况需要，动态分析药剂加注量。气田常见的药剂用量动态分析场景如下：

（1）水合物抑制剂用量智能计算。

（2）腐蚀抑制剂用量动态计算。

（3）消泡剂用量智能计算。

3. 耗材残余使用寿命分析

对于以滤材、润滑油为代表的耗材，日常生产中需要判断其残余使用寿命，并关注历史工况和当前工况两方面因素。气田常见耗材残余使用寿命分析场景如下：

（1）过滤元件使用寿命预测。

（2）润滑油使用寿命预测。

（3）换热器清洗时间预测。

大数据分析系统可以通知操作人员及早做好检修预案，确保在短时间内完成更换工作，避免长时间停产。

4. 压缩机故障监控

往复式压缩机作为气田集输系统核心设备之一，具有单体设备投资多、维护成本高、停产损失大等特点。由于压缩机通常设置在较为偏远的地区，一旦发生部件损坏导致的停机现象，就需要较长救援时间，而且会产生连锁反应。

（1）压缩机前端气井可能被迫停产或燃气放空。

（2）压缩机后端外输压力可能被迫下降。

（3）并联的其他压缩机将被迫提高负荷，会缩短压缩机气阀寿命。

设备管理部门期望通过有效的管理手段，提前准确发现设备故障，节省压缩机救援时间，提高管理水平，减少停产时间。

5. 管网泄漏监控

气田内部集输管网的安全是保障生产的重点内容之一。例如，四川盆地天然气产区是典型的高含硫气田，具有高压、高腐蚀性、剧毒的特性，一旦管道泄漏，后果将不堪设想，需要大数据系统进行全面感知和分析记录。目前先进的监控方案多采用声波发射技术+神经网络法+无人机巡检方式，大数据监控系统将进行全面监控和动态展示，使气田管理者全面掌握管道系统运行状态。

6. 仪表可信度智能监控

仪表可信度分析包括"联锁仪表"和"控制仪表"两部分。经统计，计划外停产中有相当一部分是由仪表问题造成的，因此需要对仪表可信度进行分析。仪表可信度分析主要包括以下几方面：

（1）仪表 Hart 温度分析；

（2）仪表通信线路干扰分析；

（3）在稳定操作状态下，仪表读数跳跃监控；

（4）仪表读数短时波动率异常监控；

（5）多点位仪表对照分析。

通过多维度分析，可以判断仪表可信度，为气田安全运行提供基础设施可靠性保障。

7. 远程就地控制设备智能监控

天然气开采环节大量采用远程就地控制设备进行自动化无人值守操作（RTU、SIS），传统方式无法对此类设备进行第三方监控。大数据分析系统主要从以下方面进行分析：

（1）CPU 占用率动态分析。

（2）CPU 温度动态分析。

（3）内存占用率动态分析。

（4）扫描周期动态分析。

（5）板卡状态智能分析。

（6）上位机通信智能监控。

通过对远程就地控制单元关键组件进行实时分析，可以快速定位故障，甚至提前发现可能存在的设备风险，避免控制单元卡死、误动作、硬件损坏对生产造成风险。

8. UPS 智能监控

UPS 需要为各个井站提供稳定、可靠的能源保障。但 UPS 自身结构复杂，每一个环节都可能造成 UPS 故障，进而对生产安全产生隐患。对于 UPS 的分析包括以下方面：

（1）UPS 散热系统智能监控。

（2）全部 UPS 内部温度实时排序。最佳环境温度是 20～25℃。虽然温度升高会使电池放电能力有所提高，但付出的代价是电池的使用寿命大大缩短。据试验测定，环境温度一旦超过 25℃，每升高 10℃，电池的使用寿命就会缩短一半。

（3）整流后电压波动趋势智能监控。

(4)UPS 逆变器监控（切旁路监控、输出相频率监控）。

(5)UPS 变压器智能监控。

(6)输出相电压长期趋势监控。

(7)输出相电流不平衡度复合规则监控。

(8)电池掉电复合规则监控。

(9)电池放电次数统计监控。

(10)电池使用时间统计监控。

通过大数据分析系统对 UPS 核心指标进行实时分析，可以预防 UPS 自身故障，延长 UPS 使用寿命，为井站的安全生产提供基础保障。

9. 第三方设备通信智能监控

在日常生产中，第三方设备（如 UPS、空压机等）采用 Modbus 协议通信，如果设备失联，将很难察觉，因此需要实时判断通信是否正常。在对频繁波动的多个指标进行监控时，一旦发现多个指标停止波动，大数据系统将发出告警。

10. 微小故障智能监控

通过创建针对具体问题的深度学习模型，实现对场站生产运行设备的预警。在实际监控过程中部分低级别早期风险告警可能出现自我恢复现象，但这并不意味着设备自身绝对安全。监控系统上线一段时间后，通过系统动态统计功能，可直接定位出哪台设备频繁出现哪一类微小故障，检修人员可针对这部分频发问题开展针对性检修工作。相较传统抽查方式，这种方式能让检修人员的工作更有针对性，并且效率更高。

11. 流程设备安全风险智能分析

在天然气处理环节中，处理工艺复杂，流程设备众多。以换热器内漏监控为例，神经网络通过学习换热器历史数据，能够在波动工况下预测当前换热器出口温度、压力等指标，通过与实时操作数据进行比对，及时找出换热器内部早期泄漏，规避生产风险。

12. 工艺最优化运行操作点智能分析

天然气处理环节在追求生产系统安全、稳定运行的同时，还要关注工艺参数是否处于最佳操作点。由于处理厂流程复杂，工艺处理方案较多，以下仅列举部分典型大数据应用场景。

（1）提高 LPG 回收装置的 LPG 产率

LPG 回收装置用于将天然气中的高附加值产品（LPG、稳定凝析油）从天然气中分离出来，以采用丙烷制冷分离工艺为例，制冷温度设定值将决定该回收装置的能耗及各种产品产率。如何让工厂效益最大化？这需要结合当地电能价格、原料气温度、环境温度、LPG 产品价格、制冷能耗、产品收率等多个技术指标进行综合分析判断，找到工厂效益最大化方案。

（2）溶剂发泡倾向预测

天然气处理过程要用到各类溶剂吸收工艺，如氨法脱硫脱碳、湿法脱水等。由于溶剂在系统中反复使用，可能受到污染，也可能在反复再生过程中产生降解，其中的杂质会导致溶剂出现发泡倾向，进而产生液泛。传统方式是定时定量加注消泡剂，或者在出现液泛时定量加注消泡剂。这种方式的问题在于溶剂系统内累积消泡剂可能进一步加剧发泡，还会造成药剂浪费。可通过神经网络学习溶剂吸收、再生过程的关键指标，预测未来一段时间内可能出现的液泛风险，做到"无病不吃药，有病按病情开药"，在避免消泡剂滥用的同时，确保生产安全稳定运行。

（3）克劳斯硫磺回收装置收率预测

对于某些酸气浓度、流量波动频繁的工厂而言，最终尾气排放的控制较难，主要原因在于目前采用的控制方案存在一定的滞后性。通过神经网络学习硫磺回收装置运行数据，可以预先判断进入硫磺回收装置的酸气条件应采用何种参数方案，从而将污染物的排放量降到最低。

3.6.2 天然气水合物大数据预测应用案例

在天然气开采环节中，从地下采出的天然气均伴有大量气田水，若压力、温度、出水量等达到天然气水合物的形成条件，则会产生阀门、管道冰堵（天然气水合物堵塞），造成井站被迫停产的后果。传统方法是向可能形成水合物的工艺点加注水合物抑制剂（如甲醇），但通常因考虑到最恶劣条件，加注量都较大，存在浪费的现象。

工艺专家通过分析认为，影响天然气水合物形成的因素包括以下几方面：

（1）天然气组分；

（2）天然气操作压力；

（3）天然气操作温度；

（4）气田水产量；

（5）环境温度；

（6）其他工况指标。

井站工艺参数被存入传统生产管理实时数据库，大数据分析系统直接从生产管理实时数据库读取各项需要分析的指标参数。

由于现场不可能通过试验获取各种复合工况下的水合物形成条件，因此，分析对象的训练数据是由工艺专家通过现有数值模拟系统提供的。此外，工艺专家为模型专门设计了"安全垫规则"，即在时间、用量上均留有足够的安全余量。本案例将训练数据导入模型进行训练，采用BP神经网络，训练速度下调系数为1，最大训练次数为3 000次，实际训练1 600次左右，训练精度为1×10^{-5}。

大数据分析系统通过在线分析，根据实时工况给出最为经济合理的注醇量建议。图3-7为某井站大数据系统动态注醇量建议与传统注醇量的对比。

图3-7　某井站大数据系统动态注醇量建议与传统注醇量的对比

从图3-7中可以看出，传统方式采用定量注醇，但相当一部分工况并不需要全量注醇。智能注醇可根据工况需要进行实时运算，优化操作参数，节约成本。

3.6.3　压缩机故障大数据预防性监控应用案例

往复式燃驱压缩机作为气田集输系统的核心设备之一，具有单体设备投资多、维护成本高、停产损失大等特点。气阀损坏是压缩机中出现最为频繁的故障，约占全部故障的60%，由于压缩机通常设置在较为偏远的地区，一旦发生气阀损坏导致的停机，就需要较长救援时间。传统单指标上限告警方式只能在设备发生严重故障时发出告警，气田设备管理部门期望通过有效的分析手段，提前准确发现气阀的故障，节省压缩机救援时间，提高气田管理水平。

压缩机具有较多运动部件，监控指标种类、数量较多，需要压缩机专家首先简化物理模型，提取可能用到的技术指标。压缩机专家根据经验总结，认为压缩机排气温度异常升高意味着气阀可能存在故障。但引起排气温度升高的因素有很多，具体如下：

（1）压缩机转速。

（2）压缩机进气压力。

（3）压缩机排气压力。

（4）压缩机入口温度。

（5）环境温度。

（6）其他压缩机内部工况指标。

压缩机自身携带大量检测传感器，设备管理部门通过工业物联网将压缩机运行参数全部上传至物联网实时数据库。此外，压缩机外部工艺参数存入传统生产管理实时数据库。大数据分析系统同时从物联网实时数据库和生产管理实时数据库读取各项指标参数。

经过必要的数据预处理后，首先，压缩机专家对数据进行初步筛选、标记，找到能够表征设备正常工作的数据；然后，数学工程师通过核主元分析（KPCA）方法对数据进行降维优化；最后，将数据导入模型进行训练，本案例采用全连接神经网络，网络输入层传递函数为 logsig 函数，隐含层传递函数为 tansig 函数，输出层传递函数为 purelin 函数。训练速度下调系数为 0.8，最大训练次数为 7 000 次，实际训练 3 500 次左右，训练精度为 1×10^{-5}。经过一段时间的数据训练后，对压缩机气阀故障预测模型进行测试，具体表现如图 3-8 所示。

图 3-8　压缩机气阀故障预测模型测试

从图 3-8 中可以看出预测最大偏离小于 0.8%，可以认为该模型具有很高的预测精度。

大数据分析系统通过在线分析，于 2018 年 11 月中旬发现了一段明显的气阀表现异常数据，并及时通知现场检修部门注意。现场检修部门经过一段时间的观察，评估认定该气阀确实存在部件异常，在停产检修后数据表现恢复正常。压缩机气阀故障预测模型告警如图 3-9 所示。

图 3-9　压缩机气阀故障预测模型告警

3.6.4　换热器早期泄漏大数据监控应用案例

换热器是天然气处理环节中的重要过程设备，具有局部热应力集中、介质流速高、展开面积巨大等特点。一旦出现换热器内漏，就可能造成溶剂污染，甚至爆炸风险。而截至目前，并没有很好的监控换热器内漏的手段。设备管理部门期望通过有效的分析手段，找到换热器早期内漏，提前做好安全检修计划，保障工厂的安全、平稳运行。

换热器具有较多细分门类，以冷箱为例，可能出现 6 个甚至 10 个流道。由于计算热平衡的需要，换热过程通常较为复杂。管壳式换热器通常有 2 个流道，换热过程相对简单，但没有定量分析，也难以看出换热器是否出现少量内漏。换热器专家根据经验总结，认为换热器低压侧介质出口温度异常意味着可能存在内漏。但引起低压侧温度变化的因素较多，具体如下：

（1）流道 1 入口压力。

（2）流道 1 入口温度。

（3）流道 1 入口流量。

（4）流道 1 出口压力。

（5）流道 1 出口温度。

（6）流道 2 入口压力。

（7）流道 2 入口温度。

（8）流道 2 入口流量。

（9）流道 2 出口压力。

（10）流道 2 出口温度。

（11）流道 3 入口压力。

（12）流道 3 入口温度。

（13）流道 3 入口流量。

（14）流道 3 出口压力。

（15）流道 3 出口温度。

（16）其他流道数据。

换热器内漏分析的主要对象为工艺参数，大数据分析系统直接从生产管理实时数据库读取各项指标参数。

与压缩机监控类似，首先，换热器专家对数据进行初步筛选、标记，找到能够表征设备正常工作的数据；然后，数学工程师通过核主元分析（KPCA）方法对数据进行降维优化；最后，将数据导入模型进行训练，本案例训练速度下调系数为 0.8，最大训练次数为 5 00 次，实际训练 1 300 次左右，训练精度为 $1×10^{-5}$。

大数据分析系统通过在线分析，于 2018 年 11 月下旬发现了一段明显的换热效果异常数据，并及时通知现场检修部门注意。现场检修部门经过一段时间的观察，评估认定换热器出现内漏，造成换热效果异常。换热器内漏预测模型告警如图 3-10 所示。

图 3-10　换热器内漏预测模型告警

3.7 总结

通过天然气开发行业中的大数据分析应用，天然气水合物预测、关键机组故障预测获得了初步成功和收益。未来需要采用创新的思维方式和行动模式，使系统效率更高、生产力更强、响应更快，为气田装上"最强大脑"，建成智慧气田。大数据可以帮助建立一个更有效的组织模式。这种模式将更有效地配置人力资本，减少天然气行业面临的供需不平衡现象。

在油气田数字化、智能化建设及国产化大潮的推动下，国内气田数据服务商的业务水平及质量将实现快速提升。未来气田人工智能将在数据采集、分析场景、数据分析三方面实现飞跃式增长，尤其是大数据分析预测模型的泛化能力提升后，可以将更复杂多变的实际工业场景纳入其中，让智能分析成为触手可及的工具。

第 4 章

炼油化工行业的大数据分析

4.1 炼油化工行业信息化现状

炼油化工（简称"炼化"）是流程工业的重要组成部分，在国民经济的发展中发挥重要作用，是我国的支柱产业之一。炼化企业信息系统体系架构主要分为生产操作控制（PCS）层、生产运行管理（MES）层、企业资源计划（ERP）层，以及企业信息门户（EIP）层。

PCS 层以设备综合控制为核心，涉及控制技术、接口技术、自动化相关技术和生产、机动设备、安全等专业的基层业务系统。它提供了装置、车间的实时数据、状态信息和控制参数等底层信息，通过 OPC、DDE 等通用接口及其他数据采集方式为上层信息系统提供基础数据。炼油化工生产属于连续性生产，生产线自动化程度较高，DCS、PLC 系统已成为炼化企业的主要控制手段。

MES 层以优化管理、优化运行为核心，包括工厂基础信息管理、实时数据库、实时数据库应用、实验室信息管理系统、生产计划与排产、运行管理、物料平衡与收率计算、物料移动管理、公用工程、生产统计、生产运行信息平台等模块。从 PCS 层中提取 MES 需要的数据，形成统一的生产数据平台，通过关系型数据库实时进行生产物料统计，为 ERP 提供数据支撑，为准确决策提供依据。

MES 作为控制层与管理层之间的纽带，完成从生产命令下达到生产统计的整个生产过程的管理，并实时地将生产过程信息反馈给 ERP 及其他信息系统，从而将生产活动信息与管理活动信息有效集成。

MES 成效具体体现在以下几方面：

（1）通过生产数据的实时上传，实现了高效、透明的生产监控，保证了装置的平稳运行。

（2）运行管理和生产流程标准化，促进了生产班组的按章操作，保证了生产安全的可控。

（3）提高了生产管理的实时性、准确性和可视化水平，提升了生产管理效率。

（4）对生产业务流程进行梳理、统一和改进，提高了生产运行管理效率。

（5）实时监控、过程记录功能，使操作人员能更加快速、准确地识别生产中的危险情况。

（6）规范了一线人员的生产操作，帮助操作人员养成安全习惯，为员工、企业、社会带来了较大的安全效益。

（7）促进了企业的节能减排工作。

ERP层包括财务管理、物流管理、销售管理、生产管理、工厂维护、项目管理、人事管理等模块，集成企业的关键信息和数据，建立以财务为核心、一体化、符合内部风险控制要求的经营管理平台。它以成本控制为中心，实现物流、价值流和信息流的统一，做到信息透明、资源共享。

EIP层是以企业信息门户为代表的企业信息表现层。它集成了PCS（如机组状态检测）、MES（如LIMS数据查询）、ERP三个层面的信息系统，以及办公自动化、合同、邮件、OA、视频会议、档案等管理信息系统和生产技术管理、QHSE等业务信息系统，为上述信息系统提供规范、安全、统一的入口。

我国炼油化工企业十分重视信息化与工业化的融合，将信息化作为企业发展的战略抓手之一，在信息基础设施、信息系统、信息化管理等方面取得了显著的成果。这些企业积累了大量的数据资源，梳理和优化了业务流程，规范了企业管理和执行体系，提高了经营决策能力。

但总体来说，我国炼化企业在信息化方面与欧美先进炼化企业相比还存在很大差距，例如，在当前的工业化阶段还没有完全做到100%的自动化。各炼化企业均建设了非常多的系统，如集散控制系统、先进控制系统、实时优化系统、实验室信息管理系统、作业排产和调度系统及企业资源计划等。但这些信息化系统是相对独立的，大多数企业信息都缺乏统筹规划，尤其是DCS、MES及LIMS这三个生产系统，并未实现有效的数据融合，更多的还是依赖工程师（人）作为桥梁，这也导致了信息化与工业化未能充分融合，没能完全发挥出两者的整合效益。

总体而言，我国炼化行业信息化建设与先进国家相比还存在一些差距，具体表现在以下几方面：

（1）产品专利方面：在流程模拟、先进控制和过程优化技术等应用领域，缺乏具有自主知识产权的产品，关键技术严重依赖国外相关厂商，未来可能存在一定的信息安全隐患。我国应鼓励厂商尽早推出拥有自主知识产权的产品。

（2）人才方面：缺乏高端信息技术应用人才。企业需要一批既懂业务，又懂信息技术的复合型人才。缺乏高端复合型人才的弊端是信息系统的建设没有达到应有的水平，资金投入后没有产生应有的效益。

如今，以智能化为特征的工业 4.0 革命正在形成新的生产方式、产业形态、商业模式和经济增长点。智能工厂建设将是炼化企业转型发展的必经之路。炼化企业要善于借助先进制造与网络技术、大数据、云计算、人工智能等新一代技术，推动炼化生产经营与管理再上一个新台阶。具体来说，一是要做好管理、科研、生产、销售、物流等各环节的信息化集成，实现整个供应链的协同运行；二是要加快智能工厂建设试点示范，积累推广经验；三是要积累丰富的内外部数据资源，通过大数据挖掘，在研发、生产、销售、物流与市场动态变化之间建立快速、准确的响应机制，促进生产型制造业向服务型制造业的转变。

4.2 炼油化工行业的大数据分析需求

4.2.1 油田勘探与生产制造环节

1. 油田勘探

在油田勘探领域，大数据技术可以被广泛应用于勘探开发分析、油气完整性分析、运行效率分析、生产过程监测、油气价格预测分析、地震数据分析、钻井分析、实时作业决策支持、产量预测分析、提高采收率分析、安全行为分析等。

2. 生产制造

生产制造主要有智能生产、生产流程优化、设备预测维护、生产计划与排程、能源消耗管控等应用。

（1）智能生产

它是指采集生产线和生产设备的数据，通过无线通信传送到互联网，对生产过程进行实时监控。控制数据同样经过快速处理、传递，反馈至生产过程中，将工厂升级成为可以被管理和自适应调整的智能网络，使得工业控制和管理最优化，对有限资源进行最大限度的利用，从而降低工业和资源的配置成本，使生产过程能够高效进行。

（2）生产流程优化

它是指借助大数据技术，对工业产品的生产过程进行建模仿真。当所有流程和绩效数据都能在系统中重建时，这种透明度将有助于优化生产流程。

（3）设备预测维护

它是指建立大数据平台，从现场设备状态监测系统和实时数据库系统中获取轴承振动、温度、压力、流量等数据，然后构建基于规则的故障诊断、基于案例的故障诊断、设备状态劣化趋势预测、部件剩余寿命预测等模型，通过数据分析进行设备故障预测与诊断。例如，某石化企业通过大数据技术实现了对数据的实时分析计算，将设备故障诊断和趋势预测等功能的延迟控制在 5s 之内；利用大数据分析自动生成检修维护计划，保证了设备的维护更有针对性，减少了"过修"和"失修"现象，节省了成本。

如图 4-1 所示是基于知识的设备集成管理平台，利用大数据技术建立综合设备机械性能、工艺参数、操作规范、润滑保养、生产能力、维护成本等因素的设备可靠性及经济性评价模型，使设备管理实现科学化和经济化。

图 4-1　基于知识的设备集成管理平台

（4）生产计划与排程

它是指收集客户订单、生产线、人员等数据，通过大数据技术发现历史预测与实际的偏差概率，考虑产能约束、人员技能约束、物料可用约束、工装模具约束，通过智能优化算法，制订排产计划，并监控计划与现场实际的偏差，动态地调整排产计划。另外，石化企业工况参数的变化必然引起工艺条件的调整，调整的程度甚至会偏离设计额定的控制条件，大数据技术可以帮助建立多种工况条件下满足一定优化目标的平滑且动态优化的模型系统与工艺参数体系。

（5）能源消耗管控

它是指通过对企业生产线各关键环节能耗排放和辅助传动输配环节的实时动态监控管理，收集生产线、关键环节能耗等相关数据，建立能耗仿真模型（图4-2），进行多维度能耗模型仿真预测分析，获得生产线各环节的节能空间数据，智能优化负荷与能耗的平衡，从而实现整体生产线柔性节能、降耗减排；此外，还能及时发现能耗的异常或峰值情况，实现生产过程中的能源消耗实时优化。

图 4-2 能耗仿真模型

4.2.2 研发设计环节

在研发设计环节，工业大数据应用主要有产品协同设计、设计仿真、工艺流程优化等。

（1）产品协同设计：利用大数据技术处理产品数据，建立企业级产品数据库，以便不同地域的组织访问相同的设计数据，从而实现多站点协同，满足工程组织的设计协同要求。

（2）设计仿真：将大数据技术与产品仿真排程相结合，提供更好的设计工具，缩短产品交付周期。

（3）工艺流程优化：应用大数据分析技术，深入了解历史工艺流程数据，找出工艺步骤和投入之间的模式和关系，对过去相互独立的各类数据进行汇总和分析，评估和改进当前操作工艺流程。

利用大数据技术，可以更好地规划实验方案，更科学地分析、总结实验结果，并更好地指导生产实践。图 4-3 是数据挖掘技术在新产品研发及工艺优化中的应用。

图 4-3 数据挖掘技术在新产品研发及工艺优化中的应用

4.2.3 市场营销与售后服务环节

市场营销环节利用大数据挖掘用户需求和市场趋势，找到机会产品，进行生产指导和后期市场营销分析。建立用户对商品需求的分析体系，挖掘用户深层次的需求；建立科学的商品生产方案分析系统，结合用户需求与产品生产，形成满足消费者预期的各品类生产方案，优化用户体验。

售后服务环节通过搭建企业产品数据平台，采集产品数据，借助大数据技术，推动企业创新服务模式，从被动服务、定期服务发展成为主动服务、实时服务。

4.2.4 HSE 评价体系的需求

利用大数据技术，建立基于 HSE 标准和企业效益最优化的评价模型和过程技术经济评价模型，在线完成生产系统运行的可靠性状态和安全等级评价，提出适当、可靠、经济的应急措施规划，形成优化控制策略。如图 4-4 所示是面向过程的危险源辨识及可操作性评价系统。

图 4-4 面向过程的危险源辨识及可操作性评价系统

炼油化工生产过程对于装置及外供条件的依赖度较高，而生产过程的稳定性、均衡性、满负荷性又是影响其经营效果的重要因素，这是一对结构性矛盾。大数据可以帮助决策者在诸多约束下实现最优化生产调度，关键是将决策者的经验与智慧模型化。大数据条件下 BI 对业务的在线支持如图 4-5 所示。

图 4-5　大数据条件下 BI 对业务的在线支持

4.3　炼油化工行业的大数据来源与特点

4.3.1　炼油化工行业的大数据来源

如前文所述，工业大数据从来源上主要分为管理系统数据、生产系统数据和外部数据：

（1）管理系统数据是指传统工业自动控制与信息系统中产生的数据。

（2）生产系统数据是指来源于工业生产线设备、机器、产品等方面的数据，多由传感器、设备仪器仪表进行采集。

（3）外部数据是指来源于工厂外部的数据，主要包括来自互联网的市场、环境、客户、政府、供应链等外部环境的信息和数据。

炼油化工行业的大数据来源与一般工业企业相比更为复杂，既有原料、中间产品、成品的物性分析数据，也有中间控制过程和生产管理过程数据。单就原料中的原油而言，每种原油的详细评价数据就多达两三百个。生产过程则更为复杂，各种不同类型的数据来自分布于炼化装置现场的各类检测仪器。如何对这些多源数据进行分析、处理和存储，成为炼油化工行业大数据应用面临的首要问题。

4.3.2　炼油化工行业的大数据特点

炼油化工行业一直以来都是一个数据量快速增长、数据处理需求持续提升的行业。从上游企业的勘探开发，到下游企业的炼化销售，各类数据的采集、存储、处理和展示一直是企业生产经营过程中的重要环节。炼油化工行业大数据具有以下特点。

1. 数据体量大且分布广泛

与汽车、高铁等离散制造业不同，炼油化工行业生产运营和自动化等各个环节持续、实时地产生数据，且分布于机器设备、工业产品、管理系统、互联网等领域。在炼油化工的加工过程中，从原料到中间馏分与产品，物性分析数据纷繁多样；在生产控制中，各装置单元的流量、温度、压力、液位数据每秒都在发生变化，按平均每套装置采集 1 000 个数据点，每 10 秒存储一个数据计算，即使经过数据压缩，一个大规模炼化集团每年也将产生几十 TB 的海量数据。

2. 数据类型多且结构复杂

炼油化工生产过程中产生的数据种类众多，既有专业石油数据管理、井场信息传输标准语言（WITSML）等标准定义的结构化数据，又有地震解释等半结构化数据，以及工业视频、检测图像等非结构化数据，其中，非结构化数据占比较大。在炼化企业中，既有由 DCS、RTDB 系统产生的数据，也有由工业电视或监控系统产生的视频、音频、图像数据，还有由各个专业单元产生的大量文档资料数据，这些异构数据往往在某一个应用场景中同时被解析和利用，因此，需要按照数据治理要求对各类异构数据进行标准化处理。

3. 数据采集、处理的时效性需求多样化

时效性需求有实时、半实时和离线三种。管理层级通常对时效性的要求不高，而生产层级对时效性的要求较高。各类传感终端产生实时、连续的事件流，数据流处理系统必须快速对其进行响应，并及时输出结果。以钻井为例，电子数据记录仪、随钻测量仪、随钻测井仪、泥浆录井仪等设备都会高速产生实时数据流。

4. 显性和隐性知识混杂

炼油化工行业中，大数据应用的核心是知识库。知识库中有两类知识：一类是能用启发式规则、数学模型等表达出来的显性知识；另一类是海量现场传感数据中蕴含的宝贵信息，包含了反映运行规律和运行参数之间关系的隐性知识。这两类知识都是帮助企业提高工作效率、降低生产成本、控制作业风险的关键信息。

5. 数据质量参差不齐

在炼化企业中，炼油化工生产现场的环境比较苛刻，导致产生的各类现场数据的质量参差不齐。在炼化工业大数据应用中，数据的甄别和分析往往占用了分析人员大量的时间和精力，成为影响大数据分析结果和效率的关键因素。

6. 与业务紧密结合

不同于金融及消费类大数据，炼油化工行业由于有着特殊的行业技术门槛，大数据从业人员需要对所分析的装置或业务目标有充分的认知，才能在数据分析过程中规避各种干扰因素，发现潜在的优化路径。炼化从业人员也要充分接受大数据分析这一新型的优化工具，在确定优化方案之后认真执行，确保优化目标的顺利达成。

此外，炼油化工行业大数据还有时序性、强关联性、准确性、闭环性等特征，在不同应用场景需要结合实际加以考虑。

4.4 炼油化工行业的大数据解决方案

4.4.1 炼油化工企业存在的问题

炼油化工企业信息化基础普遍薄弱，大多数企业需要从最底层的硬件设备开始进行改造提升，为后续大数据项目建设奠定基础。当前存在的典型问题如下。

1. 设备系统老旧，数据采集困难

很多企业因各类原因存在部分老旧设备和系统，关键的生产数据无法采集，必须采用软测量技术或加装外置传感器，同时对采集到的生产数据进行实时汇集和监控，以全面感知生产。

2. 数据跨平台、跨部门整合耗时

业务分析涉及多个数据源的整合，并且数据种类繁多、数据量大、数据质量参差不齐，甚至还涉及跨部门协调，审批流程烦琐，导致一些具有时效性的数据价值流失。企业必须建立持续、类自动化、全量的数据采集机制，以保证数据的价值被及时、有效地利用。

3. 缺乏规划导致应用系统竖井

一般是业务驱动建设各信息系统，不重视或缺乏统一规划，容易造成应用系统竖井。数据重复采集、基础信息不一致，导致资源浪费、数据关联性差。企业必须全面进行大数据系统建设规划，对数据进行统一采集和管理。

4.4.2 工业大数据平台架构方案

工业级大数据系统的建设初期需要对系统的技术架构进行合理规划，并选择合适的技术方案。方案选择需要重点考虑数据采集和高效存储、数据计算引擎工具、系统安全性和

稳定性及平台架构体系。

参照 2016 年工业互联网产业联盟发布的《工业互联网体系架构（版本 1.0）》，图 4-6 给出了目前业界比较认可的工业大数据平台架构体系。

图 4-6 工业大数据平台架构体系

工业大数据平台分为数据采集与交换、数据预处理与存储、数据建模与数据分析、决策与控制应用四个层次。工业大数据平台技术架构如图 4-7 所示。

图 4-7 工业大数据平台技术架构

(1)采集交换层:从内部系统(传感器、SCADA、MES、ERP等)及企业外部获取数据,并实现系统间的交互。技术上,要提供对应的数据采集工具、数据清洗工具及数据交换工具。

(2)集成处理层:将物理系统实体进行抽象和虚拟化,将清洗转换后的数据与虚拟制造中的产品、设备、产线等实体相互关联起来。从技术上实现原始数据的抽取、转换和存储管理,提供计算引擎服务,完成海量数据的交互查询、批量计算、流式计算等任务,并对上层建模工具提供数据访问和计算接口。

(3)建模分析层:构建仿真测试、流程分析、运营分析等模型,为各类决策的产生提供支持。提供数据报表、可视化、知识库、机器学习、统计分析和规则引擎等数据分析工具。

(4)决策控制层:基于数据分析结果,生成描述类、诊断类、预测类、决策类、控制类应用,形成优化决策建议或产生直接控制指令。

技术架构的实现涉及数据采集、数据存储和数据计算三类底层技术组件的选型。技术架构层与技术组件的对应关系如图4-8所示。

图4-8 技术架构层与技术组件的对应关系

1. 数据采集

企业要有统一的数据采集标准规范体系,确保数据采集的规范性、完整性、可靠性和可用性。数据采集方面需要重点关注数据接口通用性、广泛的数据源兼容性、横向扩展性、数据传输完整性和后续扩展性。管理系统数据、生产系统数据和外部数据是数据的三大来源。

2. 数据存储

数据源数量大、类型多,需要能适应各种数据的存储方式和场景,包括关系表、网页、文本、JSON、XML、图像等数据库。

(1)实时监控数据展示

对于这类实时性和互动性高的数据,一般采用 Redis、Ignite 等技术进行存储,可以快速响应实时的查询需求。

(2)产线异常的分析与预测

使用机器学习技术对产线数据进行深入挖掘,分析运行规律,一般选择使用 HDFS、Cassandra 等分布式存储技术。对于这类与时序强相关的分析场景,数据存储可以选择 InfluxDB 等时序数据库,以提高处理效率和节省存储空间。

(3)商业智能(BI)

如果要整合多种数据制作报表,可以采用关系型数据库,如 MySQL、Oracle 等;如果要考虑性能和及时性,可以采用 Cassandra、HBase、Redis 等数据库。

3. 数据计算

通常要求能够支持多种任务,包括处理结构化表的 SQL 引擎、计算关系的图处理引擎和进行数据挖掘的机器学习引擎。

(1)实时计算引擎,包括 Storm、Spark Streaming、Flink 等业界通用架构。

(2)离线计算引擎,包括 MapReduce、Spark、Hive 等。

(3)数据综合分析 OLAP,如 MPP 数据库。

(4)业务交互查询 OLTP,如 MySQL、SQL Server、Oracle、PostgreSQL 等。

计算组件需要支持批量和实时类任务,同时具备精细化的任务和资源的调度能力。

4.5 炼油化工行业的大数据分析方法

经过多年的发展,目前大数据分析商用软件与工具在国外很多炼油化工企业已获得广泛应用。但需要指出的是,没有适合所有企业、所有场合的分析软件。企业须结合自身业务实际,选择适合自身业务发展的分析软件或工具。有的项目可能只需要简单的电子表格,有的项目则需要多种大型软件和工具的组合。

美国大数据分析专家 Devenport 和 Harris 在他们所撰写的《分析学》一书中列举的分析工具包括:电子表格、在线分析处理、统计或定量算法、规则引擎、数据挖掘工具、文本挖掘工具、模拟工具、文本分类、遗传算法、信息提取、群智能。

总体而言,大数据分析工具通常非常复杂、程序密集,需要多种技能才能有效应用。按分析流程划分,大数据分析软件可分为查询与报告软件、在线分析处理软件、数据挖掘软件、可视化软件（包括"仪表盘"软件）。所谓数据"仪表盘"，主要指监控型信息显示。它的功能是展示"正在发生的"情况。例如，炼化企业分管生产安全的副总需要监控企业各危险源的实时状态信息，人力资源总监需要监控各个员工的KPI考核情况，销售总监需要监控每个业务员的绩效达标情况等。

大数据分析工具应具有磁性、灵活性和深刻性三大特征。磁性指该工具能抓取所有数据，不管其结构和质量如何；灵活性指该工具具有适应性和对不同数据的应变性；深刻性指该工具能支持传统的商业情报，以及机器学习和复杂的统计分析。Hadoop被不少业界专家认为具有上述三大特征，从市场占有率来看，它也是目前最流行的大数据分析工具平台。

4.6 炼油化工行业的大数据分析案例

4.6.1 应用场景

炼油化工企业可将众多数据分析技术应用于战略决策、科技研发、生产经营和安全环保等领域，从大数据资源中不断挖掘更多的财富和价值。

炼油化工行业大数据具有数据量大、类型多样、数据分散、结构复杂等特点，大数据技术在炼油化工企业的应用前景非常广阔。企业面对节能、新产品研发、两化融合等方面的挑战，应通过语义分析、元搜索引擎等大数据分析技术，完成信息搜索与采集、数据检索和智能分析，从数据深度关联、可视化查询、数据报告等方面，为企业实现决策智能化提供支持。

在上游的油气勘探开发领域，大数据技术可以被广泛应用到勘探开发分析、油气完整性分析、运行效率分析、生产过程监测、油气价格预测分析、地震数据分析、钻井分析、实时作业决策支持、产量预测分析、提高采收率分析、安全行为分析等科研和生产过程中。

在中游的炼油化工生产环节，大数据技术不仅在提高新产品研发水平、提升现场生产管理工作效率、节约生产成本方面具有良好的应用前景，而且对于企业安全生产、实现HSE管理目标也具有积极的意义。国内炼油化工企业安全生产隐患排查工作主要依靠人力，通过人的专业知识去发现生产中存在的安全隐患，这种方式极易受到主观因素的影响，并且很难界定安全与危险状态，可靠性差；企业对于安全生产主要采取"事后管理"的方式，在事故发生后才分析事故原因、追究事故责任、制定防治措施，这种方式存在很大局限性，不能达到从源头上预防事故的目的。大型炼油化工企业建立的信息系统已经积累了海量数据，应对这些数据加以分析，对安全生产中有价值的信息进行深度挖掘，做到定时、定量分析，找出安全隐患产生的主要原因，找到内在规律，从而对症下药，预防事故的发生。大数据分析将成为炼油化工企业安全生产的利器。英国石油公司（BP）就将大数据分析用于设备故障预测：根据经验模型在故障出现明显迹象前进行预测分析，在发现零件出错后进行振动监测，可监测到90%的设备故障；在采油厂安装无线传感器，通过全网数据采集，发现某些种类的原油比其他种类有更强的腐蚀性，这个发现让企业在设备和管线的使用上更加谨慎，使油品的传输过程更加安全。

在下游销售领域，大数据技术的主要应用场景包括油品损益分析、站级销售分析、营销活动分析、实时定价分析、销售市场预测分析、客户分析和关联商品分析。例如，壳牌石油公司在油罐管理上使用 SIR 实时数据分析（SIR 是一种大数据统计分析方法，通过监测油罐内油品异常的运作波动来发现泄漏），减少潜在事故发生数量，及早发现问题，并有效减少误报所带来的损失。该项技术使每个加油站每年节约成本 4 000 美元。此外，壳牌石油公司还通过对移动设备、车联网的客户数据进行分析，向客户推送定制的服务消息；通过和阿里巴巴合作，对网上交易及社交数据进行分析，精确定位潜在客户，实现高达 70%的客户转化率；通过与银联合作，分析相关银行卡交易数据，明确该公司的市场份额。

4.6.2 应用案例

1. 石化炼油技术分析及远程诊断平台

某公司利用石化炼油技术分析及远程诊断平台，实现了对该公司生产过程、生产管理及 LIMS、MES 等系统产生的各种数据的综合管理，每年沉淀数据 300 多亿条，数据增量达到每年 17 TB，经过十年以上的数据积累，最终构建了庞大的炼油工艺海量数据库，并由此奠定了大数据分析和应用的坚实数据基础。

该平台可实时对催化剂剩余寿命进行预估，对产品收率进行在线预测，评估装置的腐蚀风险等。该平台可实现网上巡检及远程事故诊断、炼油知识管理，并能沉淀专家知识和经验，以此来指导工艺生产操作，提升工艺技术管理水平。

2. 智能工厂大数据应用

（1）该公司基于大数据平台，利用 50 套催化装置约 50 TB 历史数据开展装置报警分析，实现关键报警提前 1~2min 预警，装置报警数量减少 40%，为操作人员及时采取措施、规避生产风险争取了宝贵时间。

（2）该公司基于大数据平台，实现了业务信息集成共享、业务协同高效有序、生产优化动态调整，提高了资源配置优化水平，生产优化综合增效超亿元。

（3）该公司基于大数据平台，利用超过11亿条生产数据，对石脑油原料进行分析建模，建立操作样本库，指导工艺参数优化，使汽油收率提高0.14、辛烷值提高0.9，年增效678万元。

（4）该公司基于大数据平台，建立了能源优化模型，对全厂的蒸汽、电力等进行在线优化，综合平衡全局用能，促进了节能减排、降本增效，每年节约能源成本700万元以上。基于大数据平台建立覆盖全公司生产业务的调度指令在线流转体系，把计划、调度、操作由分段式管理转变为全程在线闭环式管理，生产管理效率显著提高，减少劳动工时20人/天，工作效率提升15%。

（5）该公司利用大数据分析进行设备故障预测，每天对27个关键机组216个振动测点的约300万条数据进行采集和监测，实时获取机组振动、温度、压力、流量等数据，通过大数据分析，对设备状态进行评定，预测振动趋势，减少非计划停工次数。

3. 钻井作业中的套管卡管预测

用户：英国石油公司（BP）。

业务需求：钻井过程涉及许多复杂的大规模作业，对工程的精确性往往要求较高。以下入套管为例，当套管下入井中时，管柱在井内会受阻遇卡，这会引起钻井延迟，导致费用增加。

解决方案：基于预测模型，分析大钩负载、滑轮位置及下井深度等的关联关系，预测静摩擦事件的发生，这是卡管的前兆。IBM开发了一个业务分析和优化策略，建立了基于数学算法的概率模型，通过分析历史数据，识别出与静摩擦事件相关的230个属性特征，帮助模型在作业过程中预测静摩擦事件。过去钻井公司主要依靠个人经验来操控向井内下管的作业，发现卡管时只能中止钻井作业，查找问题，再修正管柱下入的角度。现在，可以利用模型，精确预测卡管的发生。模型能在5s内识别静摩擦事件，可以在卡管发生前校正管柱下入的角度。

效果：预测卡管准确度达到85%，减少了卡管造成的成本浪费，陆上每口井为50万美元/日，海上每口井为150万美元/日。在阿布扎比的一组50口井的钻井作业中，借助大数据分析预测指导作业，节省了5 300万美元。

4.7 总结

炼油化工行业在我国国民经济中占有极其重要的地位，为了提高其在国际上的竞争力，很有必要引入新一代信息技术（包括大数据分析技术）。在知识经济、数字经济时代，这种引入的意义尤为深远。

总体而言，炼油化工企业开展大数据业务时，在统筹规划的基础上，一般可按"大数据、小场景、快见效、高回报"的策略，快速实现业务价值。在数据管理方面，要结合企业业务实际，建立大数据管理体系和架构（大数据的软硬件平台）；在数据分析方面，要研究数据挖掘、机器学习、模式识别等分析方法的应用；在数据处理方面，要研究分布式计算和存储技术、云计算技术等；在数据展现方面，要研究如何生动地展示数据和数据分析结果，如可视化、三维和虚拟现实等技术；在人才培养方面，要尽快培养能解决大数据问题的技术人才。

随着云计算、物联网、人工智能、大数据等技术与石油石化产业的深度融合，这些新技术将不断推动传统炼油化工产业完成新旧动能的转换，实现更加全面的感知、更加快捷的反应、更加智慧的决策，塑造传统炼油化工产业的新未来。

第 5 章

化工行业的大数据分析

化学工业以化学反应作为主要生产活动。化学工业涉及的领域相当广泛。广义的化学工业包括化学原料及化学制品的制造、焦炭和精炼石油产品的制造、基本医药产品和医药制剂的制造、橡胶和塑料制品的制造、纸和纸制品的制造、基本金属的制造、其他非金属矿物制品的制造等；狭义的化学工业特指化学原料及化学制品的制造。

由于化工行业的生产过程经常在高温、高压、易燃、易爆、强腐蚀性的环境下进行，并且对自动化控制的要求十分高，因此，机械、电子、冶金等方面的技术在化工行业中得到了广泛应用。而化工行业的高技术特征使得企业往往需要投入巨资购买与之相匹配的成套装置才能建成投产，因此，化工行业是典型的资金和技术密集型产业。另外，化工行业作为技术密集型产业，不仅对各种生产装置有很高的技术要求，其科研开发和技术创新能力也对该行业的发展有着重要的影响。

5.1 化工行业信息化现状

化工行业基本是连续化生产，采用自动化控制。在化工生产领域，从 20 世纪 70 年代开始就可由计算机集散控制系统采集用于过程控制与设备状态监控的传感器数据，主要是温度、压力、流量和液位信息，还有部分在线分析的物料组成信息。所以，化工行业的数据基础非常好，数据存储量高于其他行业，而且增速远高于其他行业。以一个中型化工企业为例，每一秒都有上千个设备和工艺数据产生。

另外，化工企业普遍建设了大量企业信息系统，包括传统工业设计和制造类软件、企业资源计划、产品生命周期管理、供应链管理、客户关系管理和环境管理等系统，通过这些企业信息系统已积累大量的产品研发数据、生产性数据、经营性数据、客户信息数据、物流供应数据和环境数据。

5.2 化工行业的大数据分析需求

大数据分析是化工行业的发展趋势。2013 年的诺贝尔化学奖得主就是将看似不相干的大数据信息化处理方法比较完美地运用于化学研究之中，从而摘取化学科学研究"王冠"的。其开发的多尺度复杂化学系统模型翻开了化学史的"新篇章"，让传统的化学实验走上了信息化的"快车道"。如今，反映真实情况的计算机模型已经成为化学界取得新进展的关键。通过模拟，化学家能更快获得比传统实验更精准的预测结果。

化工行业大数据具有数据量大、类型多样、存储格式复杂及数据分散等特点。必须通过大数据技术的创新与应用，帮助化工行业应对节能、新能源发展、两化融合等方面的挑战。

首先，大数据为化工企业的决策管理提供了手段。可通过语义分析技术和元搜索引擎，完成相关信息采集，并对数据进行存储、检索和智能分析，从数据深度关联、可视化查询、数据报告等方面，为企业实现决策和生产管理智能化提供数据支持。

其次，大数据积累和大数据分析是化工生产稳定运行的保障。对化工装置的海量历史数据进行深层分析挖掘，有望快速获取有价值的信息，形成可供推广的生产操作指导方案和风险评估技术，开创应用大数据技术解决装置生产问题的新途径。另外，可将远程在线监测及故障诊断系统升级为远程工业智能服务平台，把各类动设备、静设备、仪表、备件的参数、振动和工艺信号等数据纳入其中，应用大数据关联分析技术，预测检修，保证不发生事故、少发生事故，提高装置的在线率。

再次，大数据是化工企业取得经济效益的重要手段。通过掌握大数据的用法，寻找有效数据用于生产优化，通过分析重点数据寻求生产规律，实现生产优化，并降低能耗。

最后，大数据是提升化工行业安全管控水平的手段。目前，我国的化工企业安全生产隐患排查工作主要依靠人力，通过人的专业知识去发现生产中存在的安全隐患。这种方式极易受到主观因素影响，且很难界定安全与危险状态，可靠性差。由于缺少有效的分析工具和对事故规律的认识，我国对于安全生产主要采取"事后管理"的方式，在事故发生后才分析事故原因、追究事故责任、制定防治措施。这种方式存在很大局限性，不能达到从源头上预防事故的目的。若要控制事故，减少损失，必须对安全生产中有价值的信息进行深度挖掘，找出内在规律。

5.3　化工行业的大数据来源与特点

一般来说，化工行业大数据主要有以下三类来源：

第一类是生产经营相关业务数据。它主要来自传统企业信息化范围，一般被存储在企业信息系统中。它主要涉及产品研发数据、生产性数据、经营性数据、客户信息数据、物流供应数据和环境数据。此类数据是工业领域传统资产，在移动互联网等新技术应用环境下正在逐步扩大应用范围。

第二类是设备及物联网数据。它主要指工业生产设备和目标产品在物联网运行模式下，实时产生的体现设备和产品运行状态的数据。此类数据是化工行业大数据中新的、增长最快的来源。狭义的化工行业大数据就是指该类数据，即工业设备和产品快速产生的存在时间序列差异的大量数据。

设备及物联网数据的特点有以下几个。

（1）高维度。化工生产过程常常伴随着多种物理和化学变化，而且各参数之间高度耦合，它们共同构成了一个复杂多变的系统，对这些过程的描述是高维度的，这也决定了化工行业大数据高维度的特点。

（2）强非线性。化工生产中各类参数之间的关系都是非线性的。一个化工装置（一个主要反应对应一个装置）有 1 000～5 000 个传感器，每一个传感器都高速产生时序数据，并且大部分数据是相互关联的，甚至呈复共线性，主要是由热力学关系、流体力学关系和反应动力学关系导致的非线性。这种强烈的非线性关系给以处理线性关系为主的数据挖掘和知识表示带来了很大的挑战。

（3）非正态性和多模态性。由于化工装置为人工设计系统，基本被控制在设计指定状态下运行，数据分布非常集中。有时由于生产任务（如牌号切换）的变化、外界环境的改变（如不同原料来源）等，会导致正常工况发生改变，具有多模态特性，即数据表现为多个峰的波动。

（4）低信噪比。虽然现在的测量和传感技术已经达到了较高的水平，但由于某些客观原因，如装置测量仪表损坏、数据信号在传输过程中失真等，所采集到的数据中会存在大量的噪声。另外，测量环境也会给测量结果造成一定的影响，当测量环境突变时也会产生大量的噪声。化工大数据的低信噪比也给数据分析带来了一定的难度。

第三类是外部数据。它是指与工业企业生产活动和产品相关的企业外部互联网数据，如评价企业环境绩效的环境法规、预测产品市场的宏观社会经济数据等。

总之，化工大数据除具有大数据所共有的 4V 特性外，还具有高维度、强非线性、样本分布不均和低信噪比等特点。正是因为化工大数据这些独有的特点，对于化工大数据的分析和挖掘与传统的大数据分析也有一定的差异。

5.4 化工行业的大数据解决方案

化工行业大数据平台主要实现两个目标：一是汇集所有相关的数据，形成一个可反复利用的数据池，为分析建模提供数据来源；二是利用收集的数据进行训练和建模。大数据平台框架如图 5-1 所示。

图 5-1 大数据平台框架

就数据采集而言，大数据平台将现有生产实时数据库、相关实验室等系统连通，采集检测控制设备的数据，包括现场智能仪表和在线检测仪器等，对生产现场基础自动化控制系统产生的数据进行实时采集，实现实时数据库与关系型数据库的信息共享（大数据平台生产数据库之间的关系拓扑图见图 5-2）。

大数据平台提供统一的数据存储、清洗、分析、建模和可视化展示工具。大数据平台包括模型训练服务器和应用服务器。

图 5-2　大数据平台与生产数据库之间的关系拓扑图

1. 模型训练服务器

它的主要功能是通过大数据分析软件，结合优化目标，对大量实时数据（PI 数据）和分析数据（LIMS 数据）进行分析，筛选出相关性较强的变量，然后选择合适的算法，对筛选的变量进行模型训练，最终得到符合要求的模型。

2. 应用服务器

它的主要功能：集实时数据和分析数据，为模型训练提供原始数据；运行训练好的模型；存储数据，为用户提供操作及显示界面。

5.5　化工行业的大数据分析方法

目前存在多种大数据分析方法，每种分析方法都具有其自身的特点和优势，但也存在一定的局限性。由于不同数据的特点和结构存在较大的差异，还没有一种普适性的方法。大数据技术在化工行业中已经有了初步应用，并且取得了较好的效果，但是，大数据分析技术在化工行业中的应用仍处于起步阶段。目前，在化工行业中得到应用的实例都是将大数据分析方法中的多种功能和多种算法相结合而进行综合应用的。化工行业中的大数据分析方法包括以下几种。

1. 降维

降维是指将数据从高维度降到低维度的过程。它可以有效地解决化工行业大数据高维度的问题和所谓的"维数灾难"。有研究学者认为，降维是聚类分析或分类分析的一种，但由于目前所需要处理的数据均为高维度的数据，常常将其作为数据的前处理过程，所以本书将降维作为单独的一种分析方法进行介绍。降维算法可以分为两大类：线性降维算法和非线性降维算法。线性降维算法主要有主成分分析、投影寻踪、局部学习投影及核特征映射法。非线性降维算法主要有多维尺度法、等距映射法、局部线性嵌入法及拉普拉斯特征映射法。

2. 相关性分析

相关性分析是指研究数据与数据之间的关联程度。该分析方法一直是统计学中的研究热点，已经在金融、心理学和气象学领域得到广泛应用。相关性主要用来表述两个变量之间的关系，是两变量之间密切程度的度量。在分析两个变量的相关性方面，最传统的方法就是使用 Pearson 相关系数，但该方法只能表示两个变量之间的线性相关程度，对于非线性的关系，偏差较大。很明显，这种相关性分析方法无法对强非线性关系的化工数据进行处理和分析。目前常用的多变量相关性分析方法有 Granger 因果关系分析、典型相关分析、灰色关联分析、Copula 分析和互信息分析等。

3. 聚类分析与分类分析

聚类分析是指通过一定的规则将已有的数据集合划分成新的类别。而新的类别在性质上是相似的，所以它是研究数据间物理上或逻辑上相互关系的技术。聚类分析获得的结果可以作为下一步研究的基础数据。聚类分析的划分算法包括 K-means 算法、K-medoid 算法，层次算法包括 BIRCH 算法、CURE 算法，密度算法包括 DBSCN 算法、OPTICS 算法，网格算法包括 STING 算法、WaveCluster 算法等。

分类分析是指根据数据集的特点构造一个分类器，再利用这个分类器对需要分类的样本赋予类别。其与聚类分析最大的不同就是，分类分析在对数据进行归类之前已经规定了分类的规则，而聚类分析在归类之前没有任何规则，在归类之后才得到每个类别的特点。目前，分类算法也有很多种，按照各算法的技术特点可以分为决策树分类法、Bayes 分类法、基于关联规则的分类法和基于数据库技术的分类法等。

4. 基于数据的预测分析

基于数据的预测分析是一个从功能上定义的广义概念，就工业生产而言，过程工业中产品质量和产率的预测、生产操作中的优化、生产装置的故障诊断等都可以归入此范畴。常用的预测分析方法就是各种神经网络算法及其与各种优化算法的结合。目前，应用相对成熟的神经网络有 BP 神经网络、GRNN 神经网络、RBF 神经网络等。

5. 遗传算法

遗传算法是指基于生物遗传、进化机制的自适应概率优化算法。它具有鲁棒性强、应用范围广、简单通用等特点。遗传算法搜索最优解的方法是模拟生物进化过程中发生的复制、交叉、变异等现象，遵循"适者生存、不适者被淘汰"的进化规则，留下适应环境能力强的个体，使结果群体不断地向最优解的方向进化，最终通过解码得到满足要求的最优解。

6. 模式识别

模式识别是数据挖掘的主要方法之一。它是一种借助计算机对信息进行处理、判决分类的数学统计方法。模式识别大致可以分为统计模式识别和句法模式识别两大类。统计模式识别将每个样本用特征参数表示为多维空间中的一个点，根据"物以类聚"的原理，同类或相似样本点间的距离应较近，不同类样本点间的距离应较远，这样，就可以根据各样本点间的距离或距离的函数来判别、分类，并利用分类结果做出预测。统计模式识别是工业优化中的常用方法。

7. 支持向量机

支持向量机主要用于有限数据的分类、回归和预报建模。支持向量机的基本思想可以概括如下：首先，通过非线性变换将输入空间变换到一个高维空间；然后，在这个新空间中求取最优线性分类面，而这种非线性变换是通过定义适当的内积函数实现的。SLT 和 SVM 算法在很大限度上解决了模型选择与过拟合问题，小样本、非线性和维数灾难问题，以及局部最小点问题等。

5.6　化工行业的大数据分析案例

5.6.1　应用场景

1. 生产领域

化工行业的工艺分析、优化和设计主要基于机理模型和数据模型。机理模型是基本方法，数据模型是辅助方法。一般情况下，化工装置建成并成功开车后便交给运维团队运行。运维团队必须按照设计要求操作装置。然而，一个装置的边界条件并非按照设计要求固定不变，如原料纯度、公用工程温度等；另外，运行时还有一些随机的瞬时干扰。所以，化工装置需要安装很多传感器和控制器来监控这些干扰及非设计边界条件,从而使化工装置能够安全、稳定、长期运行。

基于大数据的机器学习对化工装置的操作优化所起的作用有限,但在下面几种情形下大数据方法可以在生产操作中发挥作用。

(1) 软测量(Soft Sensor)

对于化工行业来说,受技术水平和成本限制,不是所有重要工艺参数都能用传感器直接测量,如浓度、纯度、密度和黏度等。如果它们是产品质量指标,那么它们必然要在实验室被离线分析,离线分析最大的问题就是控制的滞后性导致系统不稳定。这些无法直接测量的变量和其他可测的变量可以通过模型的数学方程联系在一起。用代数语言表达,如果一个系统由 n 个独立变量和 m 个独立方程组成,则该系统有 $n-m$ 个自由度,即只要知道任意 $n-m$ 个变量的值,剩下的变量都可以通过解方程计算出来;用统计语言表达,剩余的任意一个变量(某个不可测变量)与选出的 $n-m$ 个自由变量(均为可测变量)存在相关性。

如果模型已知,直接解方程即可;如果模型未知,只要运行数据足够多,就可以用一个多元方程通过数据回归获得待测变量和 $n-m$ 个可测变量之间的关系,这是一个典型的机器学习过程。实际上,由于模型不清楚,无法准确知道系统有几个独立方程,所以也不知道要选择多少个自由变量,实践中会尽量多选择几个可测变量。

(2) 机理不清、边界不定情况下的操作优化

如果对于单元过程的机理不完全清楚,或者运行时存在开发设计时没有考虑到的边界条件,那么可从运行数据中找到设计时未知的知识和规律。

在下面两种情况下,过程产生的数据范围比较宽,大数据和机器学习可以在操作优化中发挥作用:

1)边界条件不可控,如天气条件、原料等。化工单元由凉水塔、空压机等组成,它们的运行状态总是随着天气在变化,数据范围足够宽,信息足够多。在原料方面,以煤的气化装置为例,不同产地的煤的成分不同,装置的最优操作参数也不一样。

2)产品牌号多。不同牌号采用不同的工艺参数,积累的运行数据也非常多。

对于这两种情况,一般很难用数学模型定量描述,人们只能靠经验操作。但是,当影响因素较多时,人们很难调整工况。这时,如何利用大数据技术从数据中找到指导生产的规律,并使生产维持在最佳状态就显得非常重要。

(3) 多变量先进控制

当装置边界条件经常发生变化时,系统控制是一个令人头疼的难题。设定的控制器参

数往往是根据某种工况整定出来的，一旦边界条件发生变化，由于化工过程非线性，原先的控制器性能就会下降。若控制器能根据测量变量的时序数据，实时自学习不同操作点下系统的动态特性，那么控制器就能自己整定参数，从而提高系统控制性能。

综上所述，在生产操作中，过程机理明确时，可采用机理模型来优化操作；机理不明确时，可采用 6 Sigma 方法来调优。大数据技术能发挥作用的地方是过程变量不可直接测量的软测量、边界条件不可控过程、多原料与多产品过程的数据建模，以及边界条件多变过程的先进控制。

2. 设备维护领域

化工企业大部分是资产密集型企业。化工设备包含静设备和动设备。静设备故障率比较低，除机械力导致的破裂外，一般都是结垢、腐蚀等导致设备功能效率下降，如换热器传热效率下降、塔板板效降低，其破坏性不强。动设备，如泵、压缩机等，故障率要高很多，设备部件在高速运动中更容易损坏。一旦损坏，若没有备用设备，则必须停车维修，对生产的破坏性极大。由于动设备的内部结构复杂，原理也比静设备复杂，在状态监测、预维护和故障诊断三方面都充满挑战，尤其在故障诊断和维修时往往需要聘请技术专家。

大数据技术在设备维护方面有很大的发挥空间。在状态监测、预维护和故障诊断三方面，设备维护模式都会因大数据技术的应用而发生革命性变化。

（1）状态监测

静设备性能监测相对简单，只需实时运行在线模型，即可估算出关键性能参数，如换热器污垢系数。动设备状态监测只能使用电流、附属工艺变量等参数，发生重大故障时，这些参数必然发生急剧变化，但是预测的周期太短，以致无法提前采取预维护措施。要延长预测周期，第一是依靠新型传感器，以实时声波信号为例，国外 3DSignals 公司已经使用专利算法对关键动设备的声波信号进行识别，以便及早发现设备故障；第二是采用多变量信息综合判断、多元统计建模。

（2）预维护

关键设备维护可以分成三个层次：第一个层次是最简单的，就是坏了就修；第二个层次是定期维修；第三个层次是通过状态监测进行预维护，即状态监测技术是预维护的前提。显然，预维护可以提升设备可靠性，也能减少非计划停车的次数，降低运营成本。

（3）故障诊断

故障诊断是指通过监测数据时序性和模式找到故障类别和发现故障原因的起始点。故障诊断是典型的模式识别问题，需要大量故障数据来训练模型，而一般化工企业作为设备用户，无法独立收集足够多的故障数据，所以要在运营企业端做到故障诊断并不现实。只能依靠设备厂商采用工业大数据云收集所有卖出设备的监测数据，这样就变成了由设备厂商来负责设备的监测、优化、维护、诊断和维修。卖服务是大型设备制造商商业模式的必然趋势，这也是化工企业设备运行维护方面的一个重大变革。

目前，一些主流的化工设备厂商都在布局工业互联网，利用工业互联网平台来实时接收所卖设备上的传感器监测数据。设备厂商利用大数据技术分析实时数据，优化设备运行和维护，即设备厂商从卖设备转变为卖服务。例如，GE、西门子、霍尼韦尔等都在建立自己的工业互联网云平台，从而提供数据获取、数据存储、数据分析、可视化、机器学习的完整服务。

3. 研发领域

传统化工相关技术已经非常成熟，在传统化工研究领域和技术上已经很难实现突破。化工行业目前的研究热点是一些交叉学科，即将化学工程的理论（反应、传递、热力学、系统工程）应用到其他学科。化学工程正在拓展应用领域，目前热门的方向是基因与生物技术、微电子和半导体、新材料、新能源和储能材料等。大数据技术在研发领域有以下作用：

（1）辅助开展文献阅读、专利查询等工作

文献阅读和专利查询在研发工作的前期占有非常多的工作量，而效果往往并不如人意。因此，如何利用大数据技术让研究人员加快了解研究项目的技术状态和进展，避免重复性工作就显得非常重要。利用大数据技术，可以收集和解读非结构化数据，优化生产流程；可以帮助研究人员从海量资料中发现创新的机会，提高成功率。

例如，在轮胎行业，轮胎上的胎纹是各大轮胎巨头处心积虑要保守的商业秘密。轮胎花纹在车胎设计的四大要素中最为复杂，也是重中之重，不仅决定了车胎的使用特性，还决定了车胎的抓地力、排水性及噪声等。目前，我国已经成为世界轮胎第一生产大国，但随之而来的轮胎花纹外观专利侵权问题也日益严重。国外著名轮胎公司控告我国轮胎花纹外观专利侵权的案件已经屡见不鲜。国外轮胎大公司、跨国企业已经将外观专利作为打压竞争对手的常用手段，对我国轮胎企业频频发难。

为此，位于青岛的橡胶谷公司和国家知识产权出版社共同构建了轮胎花纹外观设计专利数据库，开启了橡胶行业大数据应用的先河。这个数据库能够实现轮胎外观设计的检索，轻点鼠标，便可知企业生产的轮胎花纹是否侵权。该数据库中包含中国、日本、韩国、美国、欧盟共计8万件轮胎花纹方面的外观专利，有52万张图片，并且会定期更新，最新公开和授权的专利都体现在数据库中。该数据库利用了两项核心技术：搜索引擎和图像对比。该数据库通过后端大数据运算，能将相似度最高的图片展现在最前面的位置，还能够提供关于相似度的数据，从而使轮胎花纹的设计者和相应的律师能评测研发的成果在国外是否有可能构成侵权。

另外，企业也可以利用这个数据库来了解轮胎领域最新的技术进展，确定自己的研发方向。例如，通过轮胎数据库的检索，发现国外某些公司轮胎的花纹或材质已经申请了专利，那么在进行研发的时候就可以避免重复；而对于国外公司不曾涉及的领域，或者没有进行过创新的轮胎设计，则可以投入资源，加快研发。

在化学信息搜索和分析方面，李晓霞课题组开发了化学深层网检索引擎 ChemDB Portal，通过不同检索方式（包括名称检索、分子式检索、CAS 号检索、结构检索等），实时在线检索多来源网络数据库，实现了化合物数据信息的多途径集成检索和利用。利用 ChemDB Portal，用户仅需输入一次查询请求，就可自动检索网络上的多个专业数据库[包括物化性质、化合物安全数据表（MSDS）、试剂供应商等]，把从各数据库检索得到的结果统一返回给用户。

（2）物质结构-性质的构效关系

目前对于新产品的探索，通常是改进现有产品的功能和性质，如强度、密度、黏度、挥发性、毒性、活性等，所以新分子结构的设计都是从所要求的产品性质和性能的技术指标开始的。从分子结构到物质性质的映射，便是构效关系。构效关系的研究方法有基团贡献法、分子动力学模拟法等。

基于机器学习的构效关系适用于新材料和高分子材料设计。例如，美国化学文摘服务社（Chemical Abstracts Service，CAS）收集了登记物质的分子结构和常规性质，利用这类覆盖分子结构和物质性质的数据库，就可以构建一个机器学习系统。为了方便化学家更好地交流，对化学物质名称进行统一和标准化的国际纯粹与应用化学联合会（IUPAC）推出了 InChI 及与之配套的 InChI Key。该系统取代了原来的 SMILES，成为一种标准化的、可以被索引和机器识别的化学结构表达方式，极大地方便了数字时代化学家之间的交流和研究工作。

（3）有机合成和催化剂设计

理论化学在理解物质结构和性质、解释化学反应机理等方面取得了飞速发展，在结构化学、材料科学领域发挥着不可替代的作用。由于多元校正及模式识别技术的发展，近红外光谱（NIR）技术得到了广泛应用，已成为复杂体系分析、产品质量评价与控制、环境检测与控制、生命与健康等领域的关键技术之一。同时，复杂信号和高维分析化学信号的解析技术推动了分析化学的发展，大大增强了分析化学解决实际问题的能力。

随着化学计量学的深入发展，分析数据的数量级逐渐变大，许多数据分析过程均呈现出"大数据化"的特征，而相应的方法也随着数据量的增大而发展。例如，在分子模拟领域，随着图形处理单元（Graphics Processing Unit，GPU）的快速发展，其在计算能力和存储带宽方面的优势为提高分子动力学模拟法的计算能力提供了可能。GPU作为一种具有极强运算能力的多核处理器是目前高性能计算领域的主要发展方向，大量的研究工作也随之展开。2015年，美国加州大学伯克利分校和犹他大学的科学家团队在《科学》杂志上撰文，报告了他们通过结合现代数据分析技术与经典物理有机和计算化学，开发出一种新方法来研究利用手性阴离子催化剂生成特定对映体的机制。

4. 安全环保领域

化工行业从20世纪初开始一直是国家的重点经济支柱行业。然而，化工行业的生产存在高温高压、易燃易爆、腐蚀有毒等特点，极易发生安全事故。近年来，关于化工企业安全的负面消息甚嚣尘上，事故频发、应急响应速度慢等安全管理问题突出，给企业的生产经营带来了巨大的压力。为进一步加强化工企业安全预防与安全应急，借助现代计算机技术及互联网、物联网技术的发展，全面收集企业的运行数据，同时充分运用现代知识发现（KDD）及数据挖掘技术，建立基于大数据的智慧化安全管理信息系统就显得非常重要。

目前，安全管理信息系统在化工企业的应用不断深入，系统通过各种终端仪器及设备的检测、分析与显示，积累了大量的安全管理业务数据，这些数据资源为化工企业实现系统性的安全管理与预警提供了数据源支撑。化工企业与安全相关的主要数据源见表5-1。

表5-1 化工企业与安全相关的主要数据源

数据源	数据类型						数据形式			
	MES数据	安环数据	能耗数据	设备数据	ERP数据	LIMS数据	文本数据	图片数据	视频数据	实时数据

目前，化工企业安全管理信息系统以非结构化数据为主，无法用数字或统一的结构表示，其最终形式也不易被用户理解。基于当前的业务应用及管理需求，需要将多种安全管理数据源通过数据集成组合在一起，转换成适合挖掘的形式，进而对识别出的有效、新颖、潜在有用的数据进行分析、归纳和推理，实现事故规律分析、风险预测预警及事故应急处置。主要实现以下功能。

（1）智慧报警

智慧报警应用内置工艺状态报警诊断推理模型，将过程数据转化为早期问题检测警报，及时提醒操作人员采取预防性措施。例如，通过对实时数据的分析处理发现异常监测点，对操作人员的安全操作给出合理的建议，减少操作失误；实时分析设备性能数据，当发生超限时，及时提醒操作人员进行预防性维护。化工企业可以基于各种类型的源数据，建立风险分析评估模型，并通过数据分析平台进行预警，向各类通信平台推送信息，实现HSE风险监控报警与闭环处置。

（2）智慧作业

智慧作业可围绕生产作业实时闭环管控，规范作业规程，减少操作失误，即通过智慧化安全管理系统及其相关平台，实时对现场作业活动提供支持，监控现场环境和人员的安全，增强作业协同，为现场作业提供规范化指导。这在提升工作效率和作业水平的同时，能大大降低安全事故发生率。化工企业可构建施工作业过程管理子系统，实时监测作业环境，及时发现作业环境的变化，一旦出现相关指标超标，仪器就自动报警，实现对生产作业全过程的监管和报警提示。

（3）智慧指挥

智慧指挥可实现对事故状态下应急指挥的辅助决策，加快应急反应，并科学调度应急资源，提升企业的应急响应能力。相比于传统应急指挥，智慧化应急指挥具有如下优势。

1）可以动态监测与感应可能发生的事故。

2）可以依据事故地点和事故类型，利用智能资源调配优化模型，计算出资源调配方案，并合理地利用相关人力、物资、设备等，大大提高应急资源调配能力。

3）可以结合爆炸模型、火灾模型、泄漏模型的三维事故模拟，在地理信息系统中实现影响范围可视化，准确地判断事故地点，提高事故解决能力。

4）可采用三维数字化技术开发虚拟空间中的灾害发生、发展过程等，模拟实际灾害开展应急演练，并根据演练效果查缺补漏，不断改进，以进一步提高应急处置能力。

（4）智慧决策

智慧决策是指结合大数据分析技术，引入不再受地理位置限制的移动应用技术，辅助领导决策，构建集办公、决策分析、预测预警于一体的领导驾驶舱，并在智能手机终端实现办公处理流程，为企业领导决策提供及时、准确的数据支持，为重大事件的处置提供流程和时间上的便利，进而提升决策效率。

5. 供应链优化领域

化工产品主要分为两大类：第一类是大宗液态产品，其客户数量少，对产品质量的要求比较一致，所以这类产品在供应链管理优化方面的自由度相对较小，大数据和数学模型的作用不大；第二类是批次化工产品，其与离散制造产品相似，可以借鉴大数据在离散制造业供应链管理中的应用经验。主要包括以下两点。

（1）供应链配送体系优化。它主要是通过 RFID 等产品电子标识技术、物联网技术及移动互联网技术，帮助工业企业获得完整的产品供应链的大数据。利用销售数据、产品的传感器数据和供应商数据库中的数据，工业制造企业可以准确地分析和预测全球不同区域的需求，从而提高配送和仓储效能。

（2）用户需求快速响应。它是指即利用先进数据分析和预测工具，进行实时需求预测与分析，改善商业运营及用户体验。

6. 人工智能与化工生产及安全管理的深度结合

随着近几年人工智能技术的飞速发展，尤其是 2022 年 Chat GPT 3.0 的出现，让整个人类社会都感受到了大语言模型所带来的巨大潜力。人工智能在化工生产和安全管理领域的深入应用，大大地促进了整个行业的高速发展。

截至目前，人工智能在化工行业的深入应用，已经在以下几个方面崭露头角。

（1）辅助生产，保持工艺稳定

通过深度学习和数据分析技术，人工智能可以协助员工实时监控生产过程，辅助员工提示调整生产工艺，达到稳定生产、提高产能的效果。

（2）辅助预测设备故障

人工智能还能极大地拓展基于大数据分析的设备预测性维护的潜能。它可以自动地整理来自振动、温度、应力等传感器采集的数据，并进行有效的清洗、整理和分析，减少人工干预，提高了设备故障预测的准确性，让管理人员能提前采取维护措施，减少停机时间。

（3）实时分析监控视频，提高安全管理水平

化工企业在生产运营过程中存在各种安全风险，如罐区的充装作业、高危化学品的装卸、化工装置的维修等。近年来，化工企业为了保障现场安全，装置内部署了较多的监控摄像头，对人员、装置、设备都进行了全方位的监控。随着人工智能以及计算机视觉技术的兴起，视频的智能分析已经成为一种新的安全监控手段，可以让企业的安全人员摆脱枯燥的基于肉眼的图像和视频监控：一方面，可以并发监控多路视频，提高了人员的监控效

率，降低人力成本；另一方面，智能系统不存在人眼疲劳的问题，可以提高监控的精度。通过持续监控和分析工厂环境数据，AI可以快速识别潜在的安全隐患，自动触发预警系统，有效防止事故的发生，保障人员和设施的安全。

5.6.2 应用案例

1. 数据挖掘技术在氟化工中的应用

氟橡胶（或含氟弹性体）是一类在非常苛刻的条件（如高温或与各种化学试剂接触）下仍能保持橡胶弹性的聚合物，可模压或挤出，制造"O"形圈、密封件、隔膜、垫圈、胶片、阀片、软管、胶辊等各种橡胶制品。氟橡胶的生产过程涉及许多复杂的物理、化学变化，并且存在许多可变和干扰因素（如原料性质、设备状态、操作工况的变化、生产环境和生产系统自身的干扰等），通常很难通过化工机理来建立精确模型，用以解决实际生产中存在的问题。图5-3是门尼指数变化波动图。从图5-3中可以看出，门尼指数波动大，产品合格率低。

图5-3 门尼指数变化波动图

可以利用数据挖掘建模和优化技术，从实际工业生产数据中寻找规律和发现知识，并利用这些知识优化企业的生产过程，使企业效益最大化。结合生产数据的特点，本案例主要采用了以下数据挖掘技术。

（1）变量筛选技术

变量筛选是数据挖掘建模成功的关键。本案例采用超凸多面体方法，即在多维空间中直接进行坐标变换和聚类分析，进而自动生成一个超凸多面体。该超凸多面体将优类样本点（通常定义为1类样本点）完全包含在其中，而将其他样本点（通常定义为2类样本点）

尽可能排除在外。用这种方法生成的超凸多面体在三维以上的抽象空间中用一系列不等式方程表示。mRMR 变量筛选方法以互信息（Mutual Information）为基础计算每个自变量的重要性，重要性打分函数保证了自变量与类别之间的相关性和自变量相互间的冗余性，使用该方法得到的优选变量集建立的数学模型预报能力不变，甚至有所改善。

（2）模式识别技术

模式识别是工业优化建模的主要方法。本案例采用 Fisher 判别矢量法和最佳投影识别方法建立优化目标定性分类的判据。

（3）定量预测技术

定量预测技术的难点在于模型的稳定性和可靠性，可采用"逐级投影支持向量回归"或"相关向量机方法"建立稳定、可靠的定量预报模型。

结合以上技术，利用氟橡胶生产的历史数据进行挖掘，数据挖掘结果如图 5-4 所示。

图 5-4 数据挖掘结果

数据挖掘模型完成后，开发有关优化和检测系统，通过接口与程序读入生产过程实时数据，并根据预先导入的优化模型，显示当前工况点是否处于"优区"。当生产处于"非优区"时，软件可根据优化模型，利用模型仪表图调整工艺参数，使生产回到"优区"。优化方案如图 5-5 所示。

图 5-5 优化方案

该软件能直接利用现有的氟橡胶设备,这对于氟化工生产优化升级具有非常重要的意义。氟橡胶优化软件包含的主要功能模块见表 5-2。

表 5-2 氟橡胶优化软件包含的主要功能模块

序号	名称	模块功能简要说明
1	模型导入	导入已建立的模型
2	实时监控工况诊断	实时生产操作参数通过接口与本软件连接,或者将生产数据直接输入软件,数据挖掘将根据输入的生产数据,对装置进行在线实时工况监测
2.1	在线趋势图	在线趋势图中的每个点代表当时的生产状态,由若干点构成的折线代表某段时间生产状态变化的过程。随着时间的推移,新的生产状态点不断将折线刷新,在特征平面上就会出现一条不断蠕动的折线。在线趋势图显示了生产过程变化的轨迹,图中的矩形方框表示优化区域或生产控制区,观察生产状态点是否处于方框内,就可以推断生产是否处于所要求的控制状态。一旦生产状态点离开优区,就说明生产偏离了优化工况,需要对生产操作参数进行调整
2.2	模拟仪表图	模拟仪表图通过基于优化模型的计算机仿真模拟,直观、形象地考察各个变量与优化目标之间错综复杂的关系。模拟仪表图中,右边的矩形区域为在特征图中得到的优化区,左边为相关变量的条形按钮,改变各个变量的大小,模拟仪表图中的小球将在矩形区内外移动

续表

序号	名称	模块功能简要说明
2.3	SPE 图	SPE 图用于反映所建模型的误差，一旦由于某种原因使模型发生较大偏差，在该图上就可以显示这种变化，提示有关人员及时排查。例如，现场某个测量重要工艺参数的仪表发生故障时，由于测量值的异常而表现为模型的误差，在该图上将很快反映出来。SPE 图是一种一维图形，横坐标为时间，纵坐标为 SPE 值。图中的一条水平横线表示与置信水平 95%相对应的上控制限
3	优化提示	优化提示用于告诉生产技术人员如何调节当前变量，从而将生产调整到优化区
4	操作指导	为用户提供生产操作指导
4.1	载荷图	载荷图是一个二维图，横坐标为第一特征向量，纵坐标为第二特征向量。图中的每一个点代表原始变量在两个特征变量中的"载荷"，"载荷"绝对值越大，该变量在载荷图中离原点的距离就越大，表明该变量使生产状态点在特征向量上产生移动的作用越大。"载荷"的正、负表示使状态点在特征空间中移动的方向
4.2	权重图	权重图的纵坐标为在相应特征向量中各个原始变量的权重系数，横坐标为所有的原始变量。权重图是一种一维图形。权重图有两幅，分别对应第一特征向量和第二特征向量。它是由二维的载荷图演变而成的
4.3	贡献图 1	贡献图是与某个生产状态（某个样本点）相关联的。贡献图表示样本点处于特征空间某个位置时，各个变量所做出的"贡献"。所谓"贡献"，是指该点在特征空间中投影后，在某个特征向量的坐标值中各个变量所占的分量值。贡献的大小用棒状图形表示。对应于特征向量 1 和特征向量 2 各有一幅贡献图。贡献图 1 又称绝对贡献
5	系统管理	本软件提供各种管理功能
5.1	模型管理	本软件提供多模型优化策略，用户可选择特定的生产优化模型
5.2	用户管理	本软件提供管理员用户与操作工用户的相互切换。管理员用户可使用本软件的所有功能，操作工用户不能对模型进行更换操作
5.3	密码管理	本软件提供管理员用户密码管理
5.4	实时数据采集配置	本软件设置在线状态图、在线趋势图、在线控制图、在线 T 平方图、在线 SPE 图显示的点数和刷新周期
5.5	启动数据挖掘-OPC 程序	本软件启动数据挖掘-OPC 程序，将 DCS 实时数据导入数据挖掘实时数据库
6	生成报表	生产技术人员可以导出数据库中某一时段的生产数据

利用数据挖掘得到的优化方案，通过现场实施取得了非常好的优化效果，明显降低了门尼指数的波动幅度，使合格率大幅度提高。优化后的门尼指数变化波动图如图 5-6 所示。

2. 大数据在水煤浆气化生产中的应用

在水煤浆的气化生产中，气化炉的炉膛温度是表征气化炉运行状况、影响相关控制操作、关系到合成效率和生产安全稳定性的重要指标。目前，炉温的实时监控测量主要依赖高温热电偶。然而，在现场高温高压、强腐蚀与强气流的作用下，热电偶的工作寿命很短。受限于生产现场复杂的工况与环境，热电偶在损耗后难以频繁更换，仅在大修期间有更换的机会。在实际生产中，炉膛温度一般保持在煤渣熔融温度以上 50~100℃的范围内。若温度低于该范围，将直接影响气化炉的排渣容畅度，可能出现堵塞现象；若温度高于该范围，则会导致耐火砖寿命的下降，合成气体中有效气比率下降。综上所述，生产中气化炉的炉膛温度必须保持在一定范围内，这就对炉膛温度的实时监测提出了较高要求。

图 5-6　优化后的门尼指数变化波动图

根据实际生产经验，安装的热电偶读数仅在气化炉开车初期是有效的，一般只有一周左右时间，而在热电偶读数失效后，需要使用软件模型代替传统意义上的传感器。选取相关的辅助变量建立模型，根据模型变量的样本和观测数据求出样本估计式，进而根据该式推算出该变量的值，这是炉温软测量的基本思想。因不同的气化炉机理存在差异，需要针对具体的气化炉建立相应的软测量模型。一般认为炉膛内壁的温度分布较均匀。建立炉温软测量模型的具体步骤包括数据采集与预处理、模型拟合和模型验证。

（1）数据采集与预处理

炉膛温度为模型的因变量，所以要采集热电偶运行较为可靠、稳定的时间范围内的数据。本案例以某化工企业的多喷嘴水煤浆气化炉 2017 年 9 月的分钟级数据为取值范围，采集处理与炉膛温度有关的数据。与炉膛温度相关的数据有很多，包括煤浆浓度、氧气流量、氢气含量、甲烷含量、一氧化碳含量等几十个自变量参数，涉及水煤浆制备、气化反应等多个环节。在取值后，需要将这几十个参数进行筛选降维，以提高模型的可靠性。

相关系数法是变量选择较为常用的方法。该方法通过相关系数计算，获得两个变量之间的相关性，从而得出与目标变量相关性较大的操作变量。相关系数可以分为弱相关性、显著相关性、高强度相关性三个等级。在实际生产中，采集工业装置历史操作数据如煤浆浓度、氧气流量等作为操作变量，炉膛温度历史数据作为目标变量，分别计算它们的相关系数，然后以设定的阈值初步筛选出操作变量；考虑到自变量之间存在的自相关问题，结合业务逻辑，将自相关系数较高的几套系数降维，仅保留其中最具代表性的特征参数。

（2）模型拟合

模型的目标变量为气化炉在正常测温期间的高温热电偶数据，模型的自变量为同一期间经上一步骤筛选后的数个相关变量。以时间为标准，将采集数据的中前部（约80%）作为训练集，以拟合炉温软测量模型。将采集数据中剩余的部分（约20%）作为验证集，对拟合出的炉温软测量模型进行验证。若精度满足预定标准要求，则说明模型有较强的指导意义。经过不同的算法模型（如回归分析、神经网络等）测试，并比较其精度，最终选取多元线性回归算法进行炉温软测量模型的建模工作。多元线性回归模型利用多个影响因素作为自变量来线性地解释因变量的变化规律。设 Y 为因变量，$X_1, X_2, \cdots, X_n$ 为自变量，则多元线性回归模型为

$$Y = c + b_1 X_1 + b_2 X_2 + \cdots + b_n X_n$$

式中　c——常数项；

　　　$b_1, b_2, \cdots, b_n$——回归系数。

运用训练集中的数据，通过回归模型拟合，计算出炉温软测量模型的常数项与回归系数。

（3）模型验证

将上一步骤所获得的回归模型应用于验证集中的数据，通过比较热电偶实际读数与炉温软测量模型的预测值（见图 5-7），可对软测量模型的效果进行评价。

图 5-7　热电偶实际读数与炉温软测量模型预测值的对比

由图 5-7 可知，基于多元线性回归方法的气化炉炉温软测量模型拟合精度较高，其输

出值与热电偶实际读数之间的相对误差较小，趋势跟踪较为吻合，基本能够满足实际工业生产需求。

完成上述工作后，建立气化大数据平台。气化大数据平台主要汇集所有与气化相关的数据，形成一个可反复利用的数据池，为气化分析建模提供数据来源。气化大数据平台可为下一步建设更大规模的大数据应用提供基础和经验。

3. 大数据在设备健康预测和备件补货中的应用

如何科学预测设备健康状况和相关备件消耗需求，在尽量减少维修成本和库存资金占用的情况下保障生产的安全运行，对于化工行业而言是一个具有重要现实意义的研究课题。

本案例提出了一种基于深度学习的设备健康预测模型，采用自编码器提取监测信号特征，基于提取到的特征，设计RNN与DNN相结合的深度神经网络模型对其进行时序预测，并综合各预测结果，构建设备健康度指标（HPI）对设备健康状况进行描述。针对库存优化问题，本案例提出了一种基于统计分布判定和参数拟合的库存预测方法，并根据消耗量的分布计算出未来的消耗量、安全库存的设置点、重订货点及重订货量。通过构建主动预警平台将设备健康预测与库存优化进行结合，将设备健康预测系统的输出作为备品备件优化系统的输入，进一步降低了维修成本，减少了库存资金的积压，改善了服务保障水平，并通过在某石化企业进行的应用评估，验证了所提方法的有效性。

首先，进行基于大数据分析的设备健康预测模型和库存优化模型的搭建。其次，选择某石化企业的泵设备作为模型评估的对象，利用2013—2017年各传感器所监测到的该设备运行数据（包括设备的转速、温度、油压、振动等信息）进行实验。其中，2013年、2014年的数据为模型的训练数据，2015—2017年的数据为模型的测试数据。最后，根据设备的维修记录对模型性能进行评价。

（1）设备健康预测模型

如图5-8所示为采用本案例方法预测的某泵设备2017年5月的健康度曲线。从图5-8中可以看出，自5月10日起，某泵设备的运行状态发生大幅波动。某泵设备在5月10日发生第一次预警后，于5月11日再次预警，并且预警时间持续增加，5月13日后某泵设备的健康度一直低于基准线。某泵设备在5月15日进行检修时，发现轴承已经有较大磨损，局部组件断裂，并发生了电机缺相的情况。这说明通过本案例所设计的模型可以实现对设备运行故障的精确预警。

图 5-8　某泵设备 2017 年 5 月的健康度曲线

表 5-3 为模型的典型预测输出。其中，维修日期为该设备实际发生维修的日期，预警时间为模型输出的设备发生故障的时间。从表 5-3 可以看出，此模型输出的预警时间与设备故障时间基本相吻合，因此，本模型可以对设备健康状况进行准确预测。

表 5-3　模型的典型预测输出

维修日期	预警时间
2015-10-11	2015/9/30 22:22:56
2015-11-02	2015/10/22 0:55:18
2016-01-19	2015/12/24 19:47:18
2016-06-16	2016/6/1 23:20:00
2016-11-09	2016/11/9 10:52:00
2017-01-03	2017/1/1 11:50:00
2017-05-15	2017/5/13 15:57:36

将本案例算法和 LSTM 算法在不同序列长度下的模型预测性能进行比较，采用均方误差对两者的设备健康度指标预测结果进行对比，如表 5-4 所示。从表 5-4 中可以看到，序列长度相同时，本案例所提算法在预测精度上显著高于 LSTM 算法，训练时间则比 LSTM 算法短得多。因此，本案例所提算法在某石化企业的数据集上取得了比现有标杆算法——LSTM 算法更好的效果。

表 5-4　两种算法的比较

序列长度	模型	设备健康度指标预测结果（10^{-4}）	训练时间
5	本案例算法	4.017 6	17 s
	LSTM 算法	5.236 7	5 min 29 s
10	本案例算法	3.631 0	17 s
	LSTM 算法	4.237 0	40 min 8 s

（2）库存优化模型

本案例以 2007 年 1 月—2016 年 12 月某石化企业的备品备件消耗数据作为训练数据，对 2017 年 1 月—10 月备品备件的消耗情况进行预测，并通过与 2017 年 1 月—10 月的实际消耗数据进行比对来判断模型的优劣程度。

每个备件的属性和消耗量不同，需求量也会相差很大。为了更全面、准确地测试模型效果，根据"建议的安全库存是否为零"这一条件把所有 5 473 个备件分为两类，然后计算并比较重订货点检验指标 α 与安全库存检验指标 β 的值来检验模型的结果，如图 5-9 所示。

模型计算结果表明，1.1% 的物料库存储备数量偏多，8.5% 的物料库存储备数量偏少，剩余 90.4% 的物料库存储备数量符合 2017 年 1～10 月的实际消耗情况。

图 5-9　库存优化模型结果评估方法

库存优化模型可以输出建议的每种备件的安全库存数量、重订货点及重订货量，并进一步输出备件库存采购总额与备件服务水平最优"包线"，如图 5-10 所示。最佳方案取决于对备件成本和备件服务水平的权衡与决策。与 2017 年的实际消耗量对比，库存优化模型的可靠性达到 90.4%，并且随着数据准确性和完善性的提高，模型的可靠性还有进一步提升的空间。

图 5-10　备件库存采购总额与备件服务水平最优"包线"

（3）主动预警平台

设备健康预测模型与库存优化模型都投入使用后，将设备健康度的预测结果作为库存优化模型的输入，在此基础上，某石化企业开发了一个综合备件主动预警平台。平台界面可同时显示预测的失效时间，以及现有的库存量。这样就可以根据备件失效的预计时间和采购的提前期，综合考虑采购计划，在减少库存量的同时，降低缺货的风险。平台的应用使某石化企业的备件库存理论降幅达到 2 792 万件，同时备件的服务水平也从 74%提高到 95%。

下一步石化生产工业大数据的应用研究方向如下。

1）在对单个设备自身健康状况进行预测的基础上，自动识别与自身工况模式相似的同类设备，并对同类设备的健康状况进行判断。

2）根据石化设备健康状态预测结果进一步生成健康风险系数，判断设备的健康风险等级，更好地对设备的维修、维护进行指导。

4．人工智能技术在化工安监中的应用

化工企业在生产运营过程中存在各种安全风险。近年来，化工企业部署了视频监控，对人员、装置、设备都进行了全方位的监控。随着人工智能技术的兴起，视频的智能分析已经成为一种新的安全监控手段，可以让企业的安全人员降低工作负荷，提高效率、精度，降低人力成本。同时，在保证人的决策角色的同时，人与人工智能在化工安监领域形成有效的控制闭环。

化工企业在生产建设过程中存在各种安全风险，如罐区的充装作业、高危化学品的装卸、化工装置的维修等。近年来，全国各地化工企业发生的事故不断，有违规作业导致的事故、设备疏于检维修导致的事故等。随着国家和企业对安全生产的重视，越来越多的高清摄像头被安装在企业装置现场，用于实时监控化工装置的生产作业情况。

随着摄像头的数量越来越多，通过后台监控人员的肉眼和人脑来分辨几百路摄像头中的高危异常已经不现实了。必须要找到一个设计良好的解决方案，既能有效抓取视频中的高危异常，又能有效减轻监控人员的工作强度，并且还要确保整个系统的最终决策是正确、可被接受的。

本案例利用人工智能视频分析技术，针对化工装置内高危区域的连续作业进行实时智能监控和分析，及时抓取其中不符合规范的高危行为。在本案例中，首先，解决了跨相机的人员识别与轨迹跟踪技术；其次，实现了现场人员的状态监测；最后，实现了人员动作序列的识别与监控。

（1）跨相机人员识别与轨迹跟踪

传统的人员跟踪技术仅能确定单相机视野范围内的人员身份和轨迹，这对于实际的化工装置内场景是远远不够的。跨相机人员重识别技术可以在相机间对相同身份的人员进行重识别，从而实现人员的跨相机追踪。跨相机行人重识别框架如图5-11所示。对于某一摄像头下检出的人员图片，算法首先通过一个特征提取网络，对其提取若干组特征向量，随后将其与从其他相机获取的人员的特征向量通过若干种度量准则进行相似度计算，最后将这些相似度度量结果进行融合和排序，即可得到相机中当前人员与其他相机中人员的对应关系。

图5-11 跨相机行人重识别框架

（2）现场人员状态监测

在获得人员的位置和身份信息后，就可以对特定人的状态进行实时分析。本文中所述的状态是指人的静态属性，与行为动作等动态属性相区分，后者会在下文中加以讨论。人员静态状态监管的应用主要包括各类个人安全防护装备的检测，如安全帽、工服、救生衣、安全带等的检测。这类检测任务一般可使用通用目标检测模型和（或）实例分割模型的组合加以解决。但由于在实际场景中背景较为复杂，同时个人防护装备在图像中常常会存在目标较小、遮挡等问题，因此一个看似简单的检测任务通常需要借助多个模型，通过严格的逻辑结合，从而获得令人满意的检测精度。下面本文以安全带检测为例，对其解决方案加以介绍。

由于涉及安全带检测的场景通常发生在高空作业流程中，此类场景背景复杂、人员较多，相机距离被检测人员的距离也较远。这些不利条件在实际图像中表现为安全带图像常常会比较模糊，同时也会频繁出现由于人员姿态或位置造成的自身遮挡或者被其他物体遮挡的问题。对于这些问题，本次研究采用如图 5-12 所示的人员状态监管的算法逻辑加以解决：

图 5-12　人员状态监管的算法逻辑

首先，检测系统通过监控摄像机获得视频流，随后视频流进入人员检测网络，提取出人员所在的图片区域。这些人员图片经过分类器的初步分拣，将不清晰或者因遮挡而不满足判断条件的图片区域进行过滤。剩余的满足安全带检测条件的人员图片会经过一个安全带分割网络，检测安全带、安全绳是否存在。随后，通过将安全带区域的位置和方向信息进行进一步分类，以检测安全带、安全绳是否高挂低用。最终，确定是否正确佩戴安全带、安全绳。

（3）人员动作序列的识别和监控

除了持续时间较短的行为，化工安监还常常涉及由多个短时行为按照一定的时间顺序组成的序列行为的监管，即工序监管。对于一套工序流程而言，除了每一道工序中人员的操作需要满足安全规范，各流程的完成顺序是否满足安全规范同样值得关注。上文中描述的方法仅适用于短时行为的分析，对于长时的序列行为，本案例还引入了新的算法加以分析和建模。这里，需要对各类流程中涉及工序的时间关系加以建模，而图卷积网络具备强大的关系建模能力，因此，本案例中实现了以基于图卷积网络为基础对入序列行为进行监管。

基于图卷积网络的序列行为监管分析算法框架如图 5-13 所示。该框架包含两个层次：第一层是单帧行为分析，核心方法是利用图卷积网络对单帧内的实体进行关系建模，分析实体之间在单帧内表现出的交互行为；第二层是跨帧的行为建模，同样利用图卷积网络，对交互行为之间的时序关系进行建模。

图 5-13 基于图卷积网络的序列行为监管分析算法框架

下一步人工智能在石化安监的应用研究方向：利用多模态技术，在视觉、听觉、嗅觉等各个感知维度，全方位模拟人类的感知能力，逐步达到人类的能力，应用于化工安监领域。

5.7 总结

大数据应用已经是整个化工行业的发展趋势所在。化工行业是我国国民经济的重要支柱产业，经济总量大，产业关联度高，与经济发展、人民生活和国防军工密切相关，在我国工业经济体系中占有重要地位。改革开放以来，我国化学工业经济总量和发展质量都有较大的进步，但与发达国家相比仍有差距。目前，化工行业发展面临的环境严峻、复杂，有利条件和制约因素相互交织，增长潜力和下行压力并存，存在结构性矛盾较为突出、行业创新能力不足、安全环保压力较大、产业布局不尽合理等问题。在行业经济下行压力不断增大的形势下，"互联网＋"浪潮对于传统行业的冲击，既是挑战，也是机会。

近年来，随着大数据深入我国经济建设的方方面面，利用大数据来解决行业发展过程中遇到的种种难题，已成为各个行业改革的新常态。面对化工产业结构调整、节能环保、安全监管、两化融合、科技创新等问题，化工行业必须积极进行大数据技术创新与应用。

首先，针对化工行业结构性矛盾较为突出等问题，利用大数据技术，针对开放数据进行分析、研判，可以帮助行业进行结构趋势预测，及时调整行业发展、生产方向，进一步推动行业向信息化迈进，实现两化融合，完成行业转型。可以利用大数据分析技术，构建化工行业数据库，提升行业预测预警功能，引导行业的健康发展。

其次，大数据本身就是创造力的体现，行业的商业模式也在发生变化，主要体现在企业从生产型向服务型的转变。过去企业单纯从事大众化生产，为客户提供产品的方式已经无法满足市场的需求，随着从短缺经济向过剩经济的转变，深入挖掘增值服务，提供从卖产品到卖服务等一揽子解决方案，成为企业新的发展方向。利用大数据可以充分挖掘全新的化工产业商业模式，建立行业生态产业链园区，完善产业布局，拉动生产力的增长。而企业通过大数据技术，可以从数据深度关联、可视化查询、数据报告等多个方面，为实现企业决策、生产管理智能化提供数据支持。此外，化工行业通过与行业之外的数据融合，可实现跨界发展，如与农业、电子商务等相结合，实现行业的创新发展。

再次，在安全环保方面，大数据技术可以从海量数据中提取有价值的数据，为事故的预警、预测提供有效分析工具，对生产过程中的多个参数进行分析、比对，及时、准确地发现事故隐患，提升企业的排查治理能力；在节能方面，大数据可以支撑装置生产优化，提升装置在线率，调整行业电耗、能耗，实现节能开源，提高企业的生产效益。

最后，在人们较为关注的政府监管方面，大数据可以全面提高政府对于化工行业的监管服务水平。利用大数据，可以挖掘事故发生的季节性、周期性、关联性等规律，找出事故根源，制定监管预防方案，提升政府的源头治理能力，降低生产事故发生的可能性。

第 6 章

钢铁行业的大数据分析

钢铁行业是国民经济的重要基础产业,是实现工业化的支撑产业,是技术、资金、资源、能源密集型产业,在整个国民经济中,占有举足轻重的地位。钢产量或人均钢产量是衡量各国经济实力的一项重要指标。同样,钢铁行业也是流程型生产行业。钢铁行业的系统是层级式的,每一层都具有连续性,很好地匹配生产特征。钢铁行业的生产流程主要包括铁前、炼铁、炼钢和轧钢。

典型的钢铁生产过程如图 6-1 所示。

图 6-1 典型的钢铁生产过程

6.1 钢铁行业信息化现状

钢铁行业的发展势必经历如下阶段：模拟化、自动化、信息化、数字化和智能化。

当前，绝大部分钢铁生产企业已完成了自动化、信息化和部分数字化工厂的建设，即实现了自动控制、PLC 和 DCS 系统的配置，仪器仪表实现数字化，人机交互得到长足发展。除此之外，在产品的设计研发、排产、生产、质量控制、设备检维修、能耗管理、原料采购、库存管理、客户管理、成本控制、安全环保等方面，信息技术几乎可以覆盖钢铁行业的全流程和全周期。在上述生产控制系统之外，现在的钢铁生产企业还大力发展了 MES 系统和 ERP 系统。

随着钢铁生产企业逐渐完善各类信息系统，钢铁行业已具备了构建大数据智慧工厂的信息系统基础，即具备了利用大数据技术，统筹收集业务数据、生产数据、工艺数据、财务数据及用户行为数据，帮助企业挖掘数据资产价值，打造智慧钢厂的数据基础。

目前，钢铁生产企业基本配置了相应的信息化系统，实现了生产线之间的信息共享和上下游工序的衔接；但与此同时，信息化系统之间相互独立，信息流存在沟通壁垒，与业务流的协同程度也不够，这是信息化建设的主要难点。智慧钢厂的建设，需要实现工业人工智能的具体应用，完成生产全过程的信息协同及优化，构建完整的信息物理系统，实现实时感知、动态控制，提供相关信息服务。通过配置自动化控制系统，构建大数据分析模型，钢铁生产企业可以设立完备的多级控制系统，使各个信息系统、控制系统实现自感知、自适应，同时能提供全自动的决策和执行功能。

6.2 钢铁行业的大数据分析需求

综合来说，钢铁行业对大数据应用的需求包括以下几方面。

6.2.1 经营管理与生产管理的需求

对于钢铁企业来讲，生产线数量众多且繁杂，要想优化管理效果，提升管理水平，配置 ERP、MES 等系统是很不错的选择。这些管理系统可以协助企业开展管理工作，帮助企业实现价值提升。

当前，大部分钢铁企业已经配置了相关管理系统。钢铁行业信息化系统主要是各个层级的管理信息化系统。而在实际应用中，由于缺少相应的大数据技术，上述系统中大量的运行数据及历史数据未得到进一步的分析和利用，使得这些数据蕴含的价值远没有被挖掘出来，这也是企业信息化融合的技术瓶颈。

此外，在众多系统及应用之间往往需要独立的硬件资源，数据之间也无法实现有机互联，硬件成本出现重复投资的情况，给信息化运维带来额外的工作量。如果引入大数据技术作为支撑，企业便有机会将这些原本互相独立的数据进行整合，并利用运行数据和历史数据对企业生产状态、设备运行状态进行有效的计算分析，在打通"信息孤岛"的同时，充分挖掘企业的数据资产价值。

从生产管理的角度来讲，建立大数据应用平台后，企业可实时获取生产运行数据，根据历史数据建立模型，并根据当前生产运行情况进行实时分析，以提高生产效率、降低设备能耗、避免设备意外停机等。同时，企业还能根据大数据的分析结果，优化生产排产计划、设备定期检维修策略，从而节约生产运行成本，创造更多效益。

以传统的钢包监控系统为例，其主要依靠人工监控的方式进行管理，不但工作量巨大、运行效率低下，而且由于钢铁生产时的实际工况条件，给获取钢包的状态及位置信息带来了很大的困难。随着生产需求的不断增长，对这些传统方法必须加以改进和优化。而基于大数据及物联网技术的钢包管理系统则利用 RFID 和无线通信技术，并通过大数据分析、数据挖掘等方法将钢包管理系统与数据库充分结合，分别采用钢包自动跟踪模块、配包模块、温度监测补偿模块，实现了钢包的智能化识别、监控、跟踪等功能，有效提升了人员效率，增强了控制系统实时性，加快了企业的周转节奏。

6.2.2 技术进步与发展的需求

对于钢铁行业来讲，企业规模普遍较为庞大，其配置的各种系统纷繁复杂。大数据技术的具体应用对企业的信息技术能力、相关技术人员的技能都有较高的要求。而在高速发展的时代背景下，逆水行舟、不进则退，上述挑战恰恰也是钢铁行业乃至传统制造业向智能制造转型的强大驱动力。

在钢铁行业向中国"智"造转型的过程中，大数据技术及相关应用将扮演重要的角色。因为未来，大数据应用和信息化能力将是钢铁企业竞争力的重要体现。钢铁行业作为重点制造业，对实现智能制造转型升级的需求是显而易见的。

在这个过程中，首先，要推进我国钢铁行业各类企业的技术发展，在推行实施智能制造的过程中强化技术改革，根据不同企业实际情况，研究解决技术落地方案，同时促进企业在技术人才培养方面的机制改革和反思，完善企业人才管理、人才梯队建设的方法与思路。其次，要激活我国在智能制造相关技术领域的基础研究能力，推动实际行业应用中物联网和云计算技术的落地。再次，在引进国外技术的同时，要加快发展自主创新能力，逐渐形成我国自主知识体系，推进钢铁行业前沿领域的研究发展。最后，要大力促进国产智能设备的研制开发，打破当下许多智能制造设备只能依靠国外进口的尴尬局面，重点突破自主可控硬件的技术研发，逐渐满足国内行业需求。

近年来，大数据技术已经在网络运营商、IT服务提供商及众多传统企业中落地实践，在日常生活及社会管理等领域的应用取得了巨大的成功。大数据生态系统首先在互联网企业和IT企业中快速发展并产生了价值。随后，诸多钢铁行业传统企业也开始了相关研究。

目前，我国的钢铁行业已经实现了较高程度的自动化和信息化，处于大数据、人工智能发展的前期。诸多模型也被应用在生产和决策中，不过更多的还是专家系统，针对大数据的应用还处于探索中。国内已有一些拥有自主知识产权的大数据服务供应商，如北京中瑞泰科技公司。钢铁企业在开展转型升级的过程中，可以适当借助这些公司的力量，同时逐渐培养自身的信息建设能力，加强人才梯队建设，循序渐进、步步为营，逐步实现企业数据资产的价值挖掘，发展成为技术落地、应用切实可行的智慧工厂。

6.3 钢铁行业的大数据来源与特点

钢铁行业中产生的大数据属于工业大数据，是一种海量、具有高增长率和多样化的信息资产，符合IBM提出的大数据5V特性，即Volume（大量）、Velocity（高速）、Variety（多样）、Value（低价值密度）、Veracity（真实性）。钢铁行业大数据贯穿于钢铁工业的整个流程，包括设计、工艺、生产、管理和服务等环节。而在上述环节的运行过程中，信息化系统及应用中产生的全部数据信息构成了钢铁行业大数据。

钢铁行业发展几十年，大数据来源包括设备数据、生产数据、产品数据、管理数据和环境数据等。这些数据分布在广泛建立的多级计算机管理与控制系统中，具有分层布置和有限连通的特点，能基本满足现有生产、管理的需求。

钢铁行业大数据按数据来源可以大致分为信息管理系统数据、机器设备数据和外部数据。其中，在企业信息化系统和自动控制系统中生成的数据，属于信息管理系统数据；由设备仪器仪表及各种传感器从钢铁生产线中采集的机器设备或产品的各方面数据，属于机器设备数据；而从互联网获取的包括市场、客户、供应链、环境、政府等方面的信息和数据，属于外部数据。

钢铁行业的数据具有以下几个鲜明的特点：

（1）数据收集以设备仪器收集为主，管理数据以人为记录为主。钢铁行业生产和传统工业生产一样，底层设备自动产生数据，现场检测记录仪器自动采集数据，经由开放通信协议和接口汇聚起来，构成钢铁行业数据的主体。管理系统中的数据多由人工录入，是钢铁行业数据的重要组成部分。

（2）数据存储以数值型数据为主。数值型数据主要包括设备自身产生的运行数据和参数、生产过程中的控制及观测数据、产品生产及检测过程中的外观及成分数据、管理过程中的各类量化数据、环境监测传感器数据等，辅以视频数据（环境监控摄像头数据）、文本数据（管理过程中的各类记录数据）、语音数据（管理过程中的各类人员对话数据）等。

（3）数据管理以分层管理为主。如ERP、MES、DCS等，各系统之间根据业务需要建立联系，未能构成融合系统，数据也主要固化在各系统中。各分层系统中逻辑性、因果性、条理性强，但更多的是任务导向性整理和记录。整体上有海量数据，但细化到单任务线的数据量并不够多。

（4）数据分析以传统模型分析和简单表格分析为主，反映设备作业、生产的机理模型更多地被使用。数据模型在使用时集中在设备层、生产层、产品层。管理层数据分析更多以表格方式展现。视频、语音、文本数据在多数情况下作为记录，只满足工作需求，并未被分析。深度学习、神经网络等建模方法在钢铁行业尚处于起步阶段。

（5）数据决策以统计数据辅助人为决策为主。钢铁行业建立在机械化、自动化的基础上，由底层汇集上来的自动化数据常常被作为重要的生产决策数据。管理数据经由人工整理和历史沉淀，具有阶段稳定性和长期可变性。因此，统计数据应用较多，深层次数据挖掘和数据分析应用较少。

随着计算机、自动控制系统越来越多地介入生产过程，以及外部数据的接入，存储数据的量级或将达到EB级，数据量极大。钢铁行业的数据被存储在诸多系统中，有企业管理系统，也有生产工艺控制系统，其业务归属分散，分布范围广，缺少统筹管理的方法。生产工艺方面的数据具有波动性，牵涉生产效率、效益及安全等诸多问题，并且对传输速率有着较高的要求，具有实时性。

钢铁企业的数据看似纷繁复杂，实则信息关联性较强。钢铁行业数据价值的分布具有很强的"二八定律"特征。加工工艺、数据分析、图纸设计等方面的数据的特点是量少且价值高，而其余的巨量数据，如历史运行数据、工况数据等，则需要充分发掘才能获取其蕴含的价值，而这个特点也恰恰是大数据分析在钢铁行业中的价值体现。

6.4 钢铁行业的大数据解决方案

钢铁行业的大数据解决方案属于工业大数据解决方案。这里以上海叔本华智能科技有限公司整理的大数据解决方案为例进行介绍，如图 6-2 所示。

图 6-2　大数据解决方案示例

数据源层：数据来自生产执行系统、设备系统、在线和离线监测系统、数据仓库、生产网中心数据库等多个生产核心系统和数据库。

数据采集层：对以上数据进行处理并存储，包括典型的系统文件存储、HBase、消息缓存。

数据计算层：数据一方面被及时交由实时计算框架进行处理，另一方面被定期同步至离线计算框架，工具包括 MR、Hive、Storm、Spark 等。

数据服务层：主要提供对外服务，可以按需定制、自定义模型算法等。

1. 数据采集

（1）结构化数据

现场数据主要来自生产执行系统、设备系统、在线和离线监测系统、数据仓库、生产网中心数据库等多个生产核心系统和数据库，可以采用 ETL 工具 Kettle 采集结构化数据。ETL 工具是大数据分析平台的重要组成部分，它按数据仓库建立的方法，每天或定期从各个业务系统中采集详尽的业务数据，并根据各自的需求进行数据调整，数据迁移过程中会将原始数据进行抽取、清洗、合并和装载。此过程必须保证数据的完备性和一致性。

（2）非结构化数据

随着信息化建设的发展，电话会议、视频会议、影音文件、传感器采集的设备数据、移动端收集的数据及其他流数据等非结构化数据，可以通过传感器接口、视频接入设备、网络爬虫工具和流处理程序等方式分别进行采集，并存储到 HDFS 和 HBase 中。

2. 数据存储

现在企业使用的主流数据库分为关系型数据库和非关系型数据库。

关系型数据库有 MySQL、SQL Server、Oracle 等。其特点包括：擅长少量数据的读写存储；擅长复杂的 SQL 操作；支持事务机制等。

非关系型数据库有列存储数据库（BigTable、HBase 等）、键值数据库（Redis、SimpleDB 等）、文档数据库（MongoDB）、图形数据库（Neo4j、InfoGrid 等）。其特点包括：高性能、高可用、易扩展、大容量等。

为方便现有数据管理和满足未来的性能要求，可综合利用多种数据库，借助关系型和非关系型数据库的优点，使整个系统性能达到最优。

大数据分析平台集成了很多功能组件。例如，HDFS 是 Hadoop 中的分布式文件系统，用于分布式存储大数据文件；HBase 是 Hadoop 中的可扩展分布式列存储 NoSQL 数据库，用于存储结构化和非结构化数据等。这些组件共同构成大数据分析平台，存储来自网络的海量数据，并实现高效的查询和管理。

3. 数据实时处理

数据实时处理流程：数据生成→实时采集→实时缓存→（准）实时计算→实时落地→实时展示→实时分析。处理数据的速度在秒级甚至毫秒级。

数据采集：目前采集数据的主流控件包括 Flume、Fluentd、Logstash、Chukwa 等。

数据缓存：分布式消息队列选用 Kafka、RabbitMQ、ActiveMQ、ZeroMQ 等。

数据实时计算：实时计算框架可选用 Apache Storm、Spark Streaming、Apache Flink 等。

数据存储位置：分布式数据存储 Elasticsearch、MySQL、HBase 等。Elasticsearch 是一个开放源代码的高扩展性全文搜索与分析引擎。它可以实时与快速地存储、搜索和分析大量的数据，通常被用作底层引擎/技术。

4. 数据集成

把不同来源、格式、特点、性质的数据在逻辑上或物理上有机地集成，可以为企业提供全面的数据共享。

5. 数据变换

通常用多维数据立方（Data Cube）组织数据，采用数据仓库中的切换、旋转和投影技术，把数据空间按照不同的层次、粒度和维度进行抽象与聚集（数据泛化），从而生成在不同抽象级别上的数据集。

6. 数据清洗

真实数据中可能包含大量的缺失值和噪声，也可能因为人工录入错误而存在异常点，所以需要采用一些方法来提高数据的质量。例如，通过滤波器去掉噪声。

7. 数据相关性分析

数据相关性分析是数据探索的重要步骤，了解数据分布可为模型选型打下基础。

图表分析（折线图及散点图）：绘制图表，展现数据趋势和联系。

协方差及协方差矩阵：用于判断两组数据是正相关，还是负相关。

8. 数据降维

从高维数据中筛选出有用的变量，降低计算复杂度，并提高模型训练效率和准确率，这就是降维。几种常用的降维方法介绍如下：

（1）PCA：主成分分析。目的是找到数据中的主成分，利用这些主成分表征原始数据，从而达到降维的目的。PCA的目标是最大化投影方差，即使数据在主轴上投影的方差最大（找到一个投影方向，使其方差最大）。

（2）LDA：线性判别分析。即找到一个投影方向，使得投影后的样本尽可能按照原始类别分开。

（3）SVD：奇异值分解，用来简化数据。奇异值分解只保留三个比较小的矩阵，就能表示原矩阵。

9. 大数据分析建模

大数据分析模型按照输入、输出的形式分为关联规则分析模型、分类分析模型、回归分析模型和聚类分析模型，这些分析模型及它们的组合被应用于多种实际工业场景的分析任务中，如工艺参数优化、产量预测、故障检测和诊断、客户需求分析和服务类型识别等。

6.5 钢铁行业的大数据分析方法

经过近些年的发展，大数据分析的一些模型和算法已经较为成熟。在钢铁行业，大数据分析中应用的模型主要有超球分析模型、关联规则分析模型、回归分析模型、分类分析模型和聚类分析模型。具体到算法，常见的有决策树、神经网络、支持向量机、多元线性回归、贝叶斯网络等。这些模型和算法中有的适合挖掘数据之间的关联关系，有的适合进行趋势和行为预测，有的适合进行归类判断。各种模型之间不存在绝对意义上的优劣性，需要根据不同的场景选择合适的模型和算法进行大数据分析。

关联规则分析模型通过挖掘钢铁大数据中频繁项集的方法，找出数据之间的隐含关联。例如，在钢铁领域，可以分析钢铁制造过程中合金成分的含量、出钢温度、轧钢速率等因素对成品机械性能的影响，帮助钢铁企业优化制造工艺；可以从历史能耗数据中寻找影响能耗表现的相关生产工艺参数，指导工厂进行参数优化，降低能耗；还可以通过关联规则分析客户关系管理信息，对客户行为及偏好进行预测。

神经网络模型通常用来表达相对复杂的非线性函数，通过用钢铁大数据对其进行训练，确定神经元网络之间合适的权重和参数，可以在分类和回归计算中得到比较准确的输出。例如，在钢铁行业中，可通过前馈神经网络模型，预测企业能耗情况；可结合故障机理理论，通过神经网络模型定位机械故障，辅助开展故障排查；可基于有动量的 BP 神经网络模型，根据某市当年的 GDP、生铁产量、焦炭产量预测该市炼钢厂下一年的钢产量；可利用神经网络模型排查实时数据库中的数据，寻找设备潜在故障。

另外，针对钢铁大数据，也可以采用聚类分析算法对复杂参数之间的关系进行分析。例如，通过分析炼钢厂脱硫相关数据，以及对应的脱硫剂用量，可以预测在不同工况条件下哪种脱硫剂脱硫效果最好；可以采用算法对炼钢厂的海量历史数据进行挖掘分析，帮助工厂优化生产参数及能耗监测；可以对生产运行数据进行聚类分析，帮助钢铁企业找出生产过程中的异常点，根据"正确"簇中的数据，为下一步进行差异分析提供数据基础；可以采用灰色聚类分析算法，对库存进行重要性聚类分析，帮助工厂调整库存，优化成本控制。

上海叔本华智能科技有限公司对目前应用于钢铁行业的主要大数据分析方法进行了整理，说明如下。

1. 机理分析

钢铁行业系统运行产生的大数据来源于设计、制造和生产等环节，涉及各类型软硬件设备，这些数据信息资源之间存在极大的关联关系，如简单关联关系、时序关联关系、设备-软件关联关系和日志操作关联关系等。

钢铁生产网络安全监测可以发现数据集中的离群点或异常数据，包括分类中的反常实例、例外模式、观测结果对期望值存在的偏离，以及量值可以随时间的变化而变化。偏差检测包括寻找观察结果、参照之间的有意义差别，偏差分析的一个非常重要的特征是可以有效地过滤掉大量人们不感兴趣的信息。以机理为基础，建立关联性，检测和分析偏差，可以反映现场情况。

2. 时序性预测分析

时间序列（Time Series，TS）是按时间顺序记录的一组数据，其中观察的时间可以是任何时间形式。简单来说，一列按时间先后顺序排列的数据就是一个时间序列。

时间序列的成分主要有四种：趋势（T）、季节（S）、周期（C）、不规则波动（I）。趋势和不规则波动都很好理解。季节和周期的区别在于季节成分的时长是固定的，如一年内的波动在每一年里都是类似的，而周期成分则没有固定的时间长度，但又是在长时间尺度上循环出现的，通常对于较短的时序由于数据量不足以体现周期成分，所以不考虑周期的影响。

针对不同的数据量级、数据关联程度及数据准确性等信息，选择合适的模型进行预测，并结合数据的关联性、延迟、重要程度等信息进行参数调整，最终实现模型的高准确性和高可靠性。例如，钢铁行业设备种类和数量多，设备购置、维修、更换等运行记录保存日期、位置、版本较多，容易产生不一致的情况。上海叔本华智能科技有限公司引入贝叶斯分类算法，挖掘数据中相同类别的信息，这些类别可以是维修记录、购置记录，也可以是时间内容等，并且可以利用预测管理功能预测现场设备的运行趋势。

3. 聚类算法

钢铁行业大数据多是设备运行自动产生的数据，相关子数据集缺乏详细的描述信息。上海叔本华智能科技有限公司采用聚类分析方法，将数据划分为多个簇，簇内保持高度的相似性、同构性，簇间保持较大的差异性，这样就可以把相同类别的数据划分到一个簇，把不同类别的数据划分到多个簇。该公司按照此方法整理了上亿条数据。

4. 挖掘算法

当不知道期望目标，并且无法获取更多的数据应用背景知识时，可以采用K均值算法构建一个自动聚类分析的大数据模式。例如，可以自动将企业设计数据划分为高、中、低三个档次，把高档设计案例推荐给企业，提高企业设计能力。通过BP神经网络，企业可以学习获取相关的风险关键特征，然后将待评估的设备运行状态数据输入系统，自动分析设备维护次数、更新次数、使用周期，判断大数据的运行维护记录、设备日常运行趋势，提高工业设备的运行维护效率。

5. 基于机器学习的模式识别

这类学习系统主要考虑的是如何索引存储的知识并加以利用。系统的学习方法是直接通过事先编好的程序来学习，学习者不做任何工作；或者通过直接接收既定的事实和数据进行学习，对输入信息不做任何推理。

上海叔本华智能科技有限公司运用基于机器学习的模式识别方法，从上亿条记录中提取整理出几百类钢铁行业设备运行模态，建立相关学习模型，用以指导设备的管理和维护。

6. 超球分析

北京中瑞泰科技公司的超球分析模型适用于设备与生产过程的预警和异动侦测，利用操作运行或设备的海量历史数据，以"超球"数据建模技术，建立生产或设备的数据模型，用模型生成的 HPI 健康度监测设备故障早期预警或运行操作条件的偏移，当发生异常时，将相关测点列出供用户确认。若是设备故障，则将此次故障条件记录下来，未来可累积成设备/运行的规则库和维修策略；若是设备有老化现象或测点传感器漂移，则进行模型微调或对测点传感器进行维修。

7. 专家系统

应用人工智能技术和计算机技术，根据某领域一个或多个专家提供的知识和经验进行推理与判断，模拟人类专家的决策过程，以便解决那些需要人类专家处理的复杂问题。在设备生产分析中，可结合传感器、现场记录、视频信息、寿命曲线、专家经验等提高大数据处理的可靠性。

6.6 钢铁行业的大数据分析案例

6.6.1 应用场景

随着钢铁企业逐渐完善 MES 和 ERP 系统，钢铁行业已具备了构建大数据智慧工厂的信息系统基础。具体到钢铁行业的实际应用中，需要利用大数据技术，统筹收集业务数据、生产数据、工艺数据、财务数据及用户行为数据，帮助钢铁企业挖掘数据资产价值，打造智慧工厂。

当前，钢铁行业市场竞争正不断加剧，客户对于产品的需求也在变化。总体来讲，客户需求呈现出了小批量、多样化的特征。钢铁企业可以通过网络平台收集客户的个性化需求,并利用行业内不同产品的交易数据,优化排产策略,通过深层次的需求分析和个性化的产品设计,实现定制化生产。此外,在钢铁行业中,无论是炼铁、炼钢,还是轧钢,对生产过程中各个环节的温度、压力、流量、振动等参数都需要进行实时监测和收集。为了监测和收集这些数据,除配备大量的传感器之外,钢铁企业还应配置相应的数据库对运行数据进行收集和管理。

在大数据技术得到具体应用之前,这些数据往往只能静静地躺在硬盘中,而现在,对这些历史运行数据的分析和利用将帮助钢铁企业形成多样、多元的分析结果,如设备故障预警、事故诊断分析、用能安全、能耗优化、智能库存管理等,让钢铁企业的数字资产价值得到充分激活,增加已有投资产生的效益。

另外,借助钢铁大数据开展模拟仿真,可以节约成本、优化能耗,使钢铁企业焕发全新生产力。在传统的生产过程中,设计、测试、验证等环节均需要先进行试生产,再对实物进行相关的试验和测试。实物的生产周期较长,反复测试则将耗费越来越多的物料成本、人力成本。而利用大数据技术时能综合考虑更多的因素,在模拟仿真的过程中尽早地暴露更多问题,对每一个生产环节都可以进行模拟、评估、验证,从而改善流程和设计方案,极大地减少工作量,帮助钢铁企业在优化生产工艺的同时节约成本、降低能耗。

经上海叔本华智能科技有限公司整理,大数据在钢铁行业的应用场景如下。

1. 生产制造过程

钢铁企业在生产制造过程中主要解决安全、质量、环保、效率之间的矛盾。例如,改善质量缺陷识别手段,分析设备和生产状态、原材料和质量之间的关系;加强成本分析与材料、生产、设备、现场的关联分析;提升钢铁企业能源管理技术水平,提高生产过程数据分析、处理能力,实现生产的安全、稳定、持续运行,达到节能、降耗、环保的目标。

要达到以上目标,采集现场设备、工艺、操作、质量、排放、能耗等信息是基础,之后通过数据处理形成高质量数据湖;按照规则整合数据,形成大数据平台;在大数据积累的基础上通过模型分析提炼规律,根据规律反馈优化设备管理、工艺生产、操作规制、质量指标等。

2. 供应链营销过程

传统的钢铁行业中上下游数据未打通,钢铁企业无法获得准确的市场信息,导致生产效率不高;物流运输也存在不匹配问题,导致物流、信息流、资金流的运营低效。

大数据分析可以提高钢材销售、采购、加工、运输、金融融资的效率,让货物交收安全、便捷，贸易融资方便、快捷。钢铁电商平台通过大数据技术，可以整合钢铁行业的加工配送、资讯服务、客户信息和在线金融，将整个产业链通过数据连接起来。通过大数据风控，可保障货物安全、资金安全、交易安全，有效分配和调节钢铁市场的供需。电商平台能将钢铁企业中的研发、销售、服务业务集中起来，成为新的商业龙头。电商平台还能促进传统钢铁企业的专业化分工，使钢铁企业专注于少量钢种的精耕细作，而不再追求万能的生产线。例如，宝钢集团有自己的宝钢欧冶采购电子商务平台，通过设置采购组织与物料、在线交易、服务中心和网上超市板块，不仅可以密切关注产品的交易情况，还可以收集用户浏览网页的信息。另外，钢铁企业可以将网上客户行为数据与线下购买数据打通，实现线上与线下营销的协同。例如，根据线上咨询线索，服务人员进行电话回访，从而推动线下交易。

3. 研发服务过程

钢铁产品研发过程是指把用户需求转化为产品质量设计，再进一步转化为成分工艺设计，并形成生产控制标准的过程。服务过程是指将用户需求转化为钢种和加工工艺的过程。围绕两个过程的信息、数据、知识和工具的集成，包括产品数据管理、计算机辅助设计、计算机辅助工艺设计。研发和服务的数字化、流程化、模型化能从根本上促进钢铁行业转型。

6.6.2 应用案例

1. 大数据治理

某钢铁企业正在逐步向数据化转型，然而在数据采集、处理，以及将实时数据处理结果嵌入生产流程等方面仍然存在种种问题与障碍，具体表现如下：

（1）数据采集受限。以往用于传统的分析预测的数据源非常有限，无法有效地支持更复杂的分析方法与技术。原有的集成系统并不能很好地支持实际需求。

（2）要求实时处理的数据结果无法嵌入生产流程，导致质检仍然只能靠人工抽检，效率低，成本高。在钢卷生产过程中需要在钢板成卷前完成质量检测，原有质检系统为半自动化，需要大量人工参与检测，而且只能对单个采集点进行缺陷判断，不能判断整卷钢材是否合格。

针对以上数据问题，该企业从以下几方面来改进。

（1）扩充基础数据源。除原来业务系统中包含的生产数据（如生产任务数据、内部质量检测报告和实时生产设备监控数据等）、出货管理数据、销售数据外，还增加了下游汽车销售数据、宏观经济数据、网络数据。聚合内外部多元数据作为数据分析的输入,通过数据管理将新增数据源纳入整体数据管控体系中。

(2) 建设大数据平台,实现不同来源和不同结构数据的采集与集成。

(3) 数据处理。对采集的数据进行处理,包括数据检查、数据清洗与过滤规则+人工智能化处理。

(4) 数据模型的建设。基于整合的数据,通过缺陷聚类与合格专家模型建设,能支持多种型材的合格预测。

(5) 数据模型的智能管理与优化。实现数据模型动态管理,利用机器学习进行模型优化。通过数据补充与检测结果反馈不断进行优化,形成管理闭环。将数据质量优化过程嵌入数据消费流程,提升模型精度。

2. 设备检修智能分析优化

某钢铁企业设备日常维护涉及点检、检修、备件等多方面内容。该企业积累了数十年的设备状态记录,从中可以挖掘出诸如设备状态变化、点检员文本记录习惯、检修项目和费用的变化趋势等信息。这些信息对于点检、检修项目的修订有着很好的指导作用。但是,手工整理和比对很难对海量数据进行有效的挖掘和提取。

针对以上管理优化问题,该企业主要通过基于人工智能的文本分析和基于模型的数据整理、状态预测,自动、快捷地提取数据中隐藏的信息。所整理的信息可以通过更便于查询的可视化形式来展现,方便管理人员的操作和使用。

设备检修智能分析优化包括以下几方面:

(1) 对设备进行分析(设备类型、设备状态关联、备件、检修内容);

(2) 监控工具(异常设备描述信息、点检项目、匹配关联系统);

(3) 设备状态预测系统;

(4) 比对历史数据信息,查找设备故障、异常变化趋势和不规范的操作(通过自然语言处理技术查看是否有记录违规、记录异常等操作);

(5) 通过历史实绩数据分析,聚焦与抓取检修频率异常高、费用投入大的项目;

(6) 通过检修实绩数据分析,提高日定、年修项目立项的准确性和命中率。

以同类设备分析优化为例,对于在相似工况下使用的同类设备中采集的传感器数据、设备状态日志数据、图像监测数据进行综合比对,通过统计分析得出同类设备发生异常或故障的一般规律,当某一设备出现与一般规律不同的异常或故障频率时,自动将异常情况反馈给用户。

该系统主要包含三个模块：同类设备展示、同类设备管理、同类设备分析。同类设备展示主要用于查询已建立的同类设备档案，以及同类设备所包含的设备数、分类编号、正常运行时间均值及标准差、是否有周期性等信息。同类设备管理主要用于对同类设备类型及同类设备内所含设备的增加、删除、更改等操作。同类设备分析则是以报告的形式导出同类设备中存在异常的设备，方便管理人员查看。同类设备分析优化系统如图 6-3 所示。

（a）同类设备展示

（b）同类设备管理

（c）同类设备分析

图 6-3　同类设备分析优化系统

3. 设备状态分析预测

某钢铁企业希望实现设备管理智能化。该企业集中研发力量，进行产学研合作，从 ERP、MES、DCS 等系统中收集历史数据，对历史维护数据（包括点检、异常、故障、检修）进行挖掘与分析，提取设备状态变化规律，并对以后的设备状态变化进行预测，提醒点检人员关注，优化点检工作。

具体内容包括以下几方面：

（1）根据业务要求对海量数据进行唯一性、规范性、完整性的实时审核处理。

（2）根据标准化、归一化后的文本，对设备状态时间序列进行算法建模，预测后续状态的变化。

（3）根据设备状态变化规律，预测当月、下月及第三个月所有设备发生故障与异常的时间，并与 EQMS、App、小程序等应用对接，及时提醒点检员和车间长关注。

（4）绘制设备历史故障、异常、检修状态图，可视化设备状态记录和规律。

（5）绘制设备分特征的历史故障、异常、检修状态图，可视化设备分特征的状态记录和规律。

（6）绘制设备故障、异常、故障加异常、严重异常、故障加严重异常的预测图，可视化历史状态记录和预测时间。

（7）绘制设备故障、异常、故障加异常、严重异常、故障加严重异常的分特征预测图，可视化历史状态分特征记录和预测时间。

设备状态图谱如图 6-4 所示，设备状态预测图如图 6-5 所示。

图 6-4 设备状态图谱

图 6-5　设备状态预测图

4. 某典型装备远程诊断与预防性维护系统

钢铁企业某典型装备远程诊断与预防性维护系统包括：设备状态日志子系统、基于传感器的设备状态监测子系统、基于寿命分析的设备状态预测子系统、基于图像识别的设备状态监测子系统。

（1）设备状态日志子系统

利用自然语言处理（NLP）、多数据匹配等技术对重型锻造设备的品牌型号、故障记录、维修维护记录和时间戳等信息进行规范化输入，把设备管理人员输入的异常、故障等数据存储到数据库中设备管理人员录入界面如图 6-6 所示，数据库示意图如图 6-7 所示。

图 6-6　设备管理人员录入界面

id	error_code	ten_code	device_name	start_time	end_time	content	middle_time
8	AE8AY1112009	700101M06	提升液压缸	2011-12-06 00:00	2011-12-09 00:00	油缸活塞杆动作异	2011-12-08 00:00
9	AE8AY1112068	700101M06	提升液压缸	2011-12-22 00:00	2011-12-26 00:00	油缸活塞杆动作异	2011-12-24 00:00
10	AE8AY1204044	700101M06	提升液压缸	2012-04-16 00:00	2012-04-25 00:00	油缸泄漏	2012-04-21 00:00
11	AEPAY1102044	700101M06	提升液压缸	2011-02-28 00:00	2011-03-31 00:00	步进梁提升销磨损	2011-03-16 00:00
12	BGTAAE8AY1306	700101M06	提升液压缸	2013-06-08 00:00	2013-06-13 00:00	液压缸端盖	2013-06-11 00:00
13	BGTAAE8AY1311	700101M06	提升液压缸	2013-11-04 00:00	2013-11-07 00:00	液压缸端盖	2013-11-06 00:00
14	BGTAAE8AY1311	700101M06	提升液压缸	2013-11-27 00:00	2013-12-03 00:00	液压缸动作	2013-11-30 00:00
15	BGTAAE8AY1311	700101M06	提升液压缸	2013-11-28 00:00	2013-12-12 00:00	液压缸端盖	2013-12-05 00:00
16	BGTAAE8AY1502	700101M06	提升液压缸	2015-02-25 00:00	2015-02-26 00:00	液压缸端盖	2015-02-26 00:00
17	BGTAAE8AY1503	700101M06	提升液压缸	2015-03-16 00:00	2015-03-26 00:00	液压缸端盖	2015-03-21 00:00
18	BGTAAE8AY1511	700101M06	提升液压缸	2015-11-17 00:00	2015-12-02 00:00	液压缸端盖	2015-11-25 00:00

图 6-7　数据库示意图

（2）基于传感器的设备状态监测子系统

对装备上加装的压力、温度、电压和电流等传感器的数据进行实时采集、存储。对采集到的传感器信息进行分析，采用机理模型、经验阈值判断与机器学习相结合的方式建立故障模式识别模型，以实现实时设备状态评估与故障报警。

设备状态以图表的形式进行展示，并且可以进行历史状态查询。对于一些瞬发的异常，如电压失稳，可以采用阈值判断的方式；对于一些进展缓慢的故障，如缸体中密封圈泄漏导致的压力下降，则可以采用信号趋势分析的方式在压力刚开始发生下降时就进行预警；对于比较复杂的异常，则需要结合多个传感器进行故障模式（如机理模型、经验模型或数据驱动的人工智能模型）识别。传感器故障特征判断示意图如图 6-8 所示。

图 6-8　传感器故障特征判断示意图

（3）基于寿命分析的设备状态预测子系统

根据专家经验、部件设计寿命及设备状态日志子系统中的信息，绘制装备中关键部件的寿命分布曲线。寿命分布曲线将用于评估每一个设备、部件的健康度,并且把需要进行维护的设备或部件生成一个设备重点关注清单(见图6-9)。设备维护人员可以根据基于寿命分析的设备状态预测子系统提供的设备重点关注清单,有针对性地安排点巡检计划。

图6-9 设备重点关注清单

每当有新的数据录入系统时,模型可以根据新的数据实时更新,使模型的预测结果更贴近设备的真实状态。设备重点关注清单定期更新,设备维护人员可以根据设备名称、编码和时间来筛选所需查看的内容。同时,可以用图表的形式显示设备维护历史,如图6-10所示。

图6-10 设备维护历史

(4)基于图像识别的设备状态监测子系统

典型装备中有很多常见故障都可以用图像识别的方式来监测。例如,比较常见的表面划痕问题，由于润滑等导致的曲轴轴承发热、退料板不工作、打料碰头位置不对等问题，都可以通过可见光摄像头或红外摄像头对设备进行连续拍摄，结合人工智能的图像识别算法来实现实时监控、实时报警。

通过现场架设的摄像头，将现场设备的图像实时传输至后台，然后基于人工智能的图像分割和模式识别算法对设备状态进行判断，如发现异常状态，现场图片和异常报警将及时显示在用户界面（UI）中，便于设备管理者及时发现、处理设备存在的问题。

基于图像识别的设备状态监测子系统的 UI 示意图如图 6-11 所示。

图 6-11　基于图像识别的设备状态监测子系统的 UI 示意图

5. 高炉人工智能化生产

日本 JFE 钢铁公司是世界大型钢铁企业集团之一，是日本第二大钢铁集团，也是全世界为数不多的生产轿车外板的企业，其多项技术均代表世界钢铁行业的最高水平。日本 JFE 钢铁公司依靠其热轧技术为钢铁企业提供热轧产品，以保持与钢铁企业的紧密合作。

近期日本 JFE 钢铁公司宣布，千叶、京滨、仓敷、福山地区钢厂的 8 座高炉全部实现了人工智能化生产，如图 6-12 所示。通过在难以观察到的高炉中部署大量传感器，采集内部超过 10 000 个点（每个高炉）的数据，如温度、压力、振动、流速（水分和风），使用人工智能进行分析，并根据数据进行操作，可以提前 12h 预测结果。通过这一方式掌握炉内状况，对故障进行预测，使上述 4 个地区的高炉作业标准化。

图 6-12　高炉人工智能化生产示意图

6. 攀钢集团冷轧车间大数据应用

攀钢集团旗下的全资子公司攀枝花钢钒有限公司（以下简称"攀钢钒"）配置了 5 级信息化系统，相当于构建了相对完整的信息化体系，通过信息化建设，积累了海量的生产运行数据，为进一步进行大数据分析奠定了数据基础。在生产方面，攀钢钒完成了分区域、分工序的数据分析，辅助工厂进行生产工艺优化。此外，攀钢钒对来自采购营销系统、客户管理系统的数据进行采购分析、财务分析及产供销分析，以钢铁生产业务为主线，利用大数据分析技术为经营决策提供辅助支撑。

在实际生产中，攀钢钒冷轧车间的产品凸包率曾达到 0.16%，超过了 0.1% 的规定指标。针对此问题，攀钢钒开展了大量调查工作，却始终没有找到确切原因，因此被此问题持续困扰多年。后来在大数据分析方法的帮助下，技术人员通过查看关联分析结果，发现凸包率与精轧轧辊冷却水喷嘴的堵塞情况相关。喷嘴堵塞一旦超过 5h，凸包率便开始明显上升。而在这之前，喷嘴堵塞的情况其实早已被发现，但是如果没有大数据的关联分析，两个部门的工作人员无论如何也不会想到这两个故障之间竟然产生了内在联系。随着大数据技术的应用，困扰工厂多年的顽疾迎刃而解，目前相关产品的凸包率已成功降至 0.08%。

7. 宝武集团智慧企业应用

（1）宝钢股份热轧智能工厂

宝武集团下属的宝钢股份热轧智能工厂运用工业大数据集成方法，采用混合模型数据分析技术，进行多目标及数据源的交互，实现了无人化板坯库、智能巡点检、全过程质量控制等应用，在热轧车间开展了智能化探索与实践。热轧智能工厂的建成，让工厂在生产工艺、能源管理、人力效率等多个方面得到了提升，增强了生产灵活性，降低了生产运行成本。

（2）韶钢智慧中心

宝武集团下属的韶钢智慧中心的生产控制系统囊括铁区、烧结、焦化、炼钢、运输、环保 6 个工序的 24 个子系统，以及煤气、蒸汽、发电、鼓风等 8 个系统的 38 个子单元。韶钢智慧中心通过大数据技术，整合了厂区控制系统与决策辅助系统，成功实现了跨工序、跨区域的远距离集中控制，将大数据智能分析、预测预警、决策辅助等功能落实到生产运行中，同时为安全生产提供了坚实保障。

（3）宝钢股份高炉控制中心

宝钢股份高炉控制中心包含统筹管理、智能检维修、故障远程诊断支持等功能，通过一体化操作平台，高度标准化操作规范，加强四座高炉的协作互补，极大地提高了生产效率和工艺水平。控制室的故障远程诊断支持系统可实现专家远程指导服务，帮助车间完成在线诊断和技术共享，提高了检修效率和时效性。

8. 首钢硅钢-冷轧智能工厂

首钢硅钢-冷轧智能工厂综合运用工业大数据、工业人工智能、物联网、数据互联等技术,提升设备及信息系统的智能化程度,辅助开展工艺优化,提高工厂全过程各环节的稳定性及生产效率。同时,根据客户的个性化需求,该工厂构建了柔性化制造机制,辅助开展市场营销,全面提升服务质量。

9. 南钢 C2M（客户对工厂）智能制造体系

南钢 C2M（客户对工厂）智能制造体系以互联网思维为导向,主攻客户个性化定制服务;利用工业大数据、工业人工智能、物联网、云计算等技术,将钢铁大数据信息技术与生产进行高度融合;改变传统的商业和业务模式,梳理生产制造流程,以客户需求为导向,为用户提供个性化服务;提取经营、销售、物流、生产、能源等环节和模块中的大数据,整合到大数据分析模型中进行计算,为企业发展决策提供辅助支撑,打造智能工厂。

6.7　总结

作为传统大型制造业,我国钢铁行业在不断引进先进装备、技术及工艺的背景下发展迅速。而随着科技进步,技术更新迭代的速度日益加快,与工业生产息息相关的计算机控制、传感器、数据传输等技术也日益成熟,这些技术的全面应用已为整个行业带来了翻天覆地的变化。经过几代钢铁人的不懈努力,中国已经从最初的钢铁弱国成为世界钢铁生产大国,钢铁行业也在国家富强、民族振兴、造福人民等方面做出了不可替代的贡献。

目前,大数据技术和方法已经在钢铁行业龙头企业中开始应用,但还不够成熟。未来需要做好以下几方面工作:

（1）夯实数据基础。做好数据源、数据标准、数据全流程运行规则的规范性管理,这是大数据应用的基础。

（2）完善数据方法。在现有各种数据分析方法的基础上,构建具有钢铁行业特色的系统性、可溯性、可证性、扩展性和完备性分析框架。

（3）搭建数据平台。建立稳定、灵活、高效、可扩展的存储、计算、调用和推理平台。

（4）推广数据应用。在全行业推广大数据应用,理论结合实践,实践完善理论,向大数据应用要价值。

第 7 章

电力输电线路运维的大数据分析

7.1 电力输电线路运维信息化现状

电力工业是支撑国民经济和社会发展的基础性产业,并能促进公用事业经济体工业化、城镇化、市场化和国际化的快速发展。随着现代社会的高速发展,电力工业不可替代的重要作用日益凸显。电力工业的发展状况不仅影响一个国家的国民物质文化生活,更体现着一个国家的综合国力,甚至直接带动整个人类社会的进步。在整个电力运维系统中,输电线路作为其中的一个重要环节,将发电厂、变电站、供配电设备和电力用户连接成一个有机整体。因此,输电线路的运行状况直接关系到电力系统的运行,影响着广大用户的用电安全和质量。由此可见,保证输电线路的正常、可靠运行,对提高电力系统的可靠性、安全性、稳定性具有至关重要的作用,是电力系统正常运行的根本保障。

在科技进步、产业结构调整和管理结构优化的影响下,电力运维行业信息化建设进入飞速发展阶段。电力信息化是一个覆盖面极广的概念,涵盖发电、输电、变电、配电及售电等环节。各个环节都涉及与信息技术紧密相关的众多智能设备和双向通信系统,这就导致在操作与监控工作中会产生相当庞大的数据流。

国内外众多大学、相关研究机构、电力公司和 IT 公司先后加入了电力大数据背景下的电力运维信息化系统研究和工程应用的行列。国际上,IBM 公司在智能自动化方面成果颇丰,有帮助电力企业合理优化各种建设改造投资计划的"智能电网评估与投资优化决策系统",有能管理并优化企业停电处理计划的"智能停电管理系统",还有可智能获取电网实时运行状态并辅助监管人员决策的"电网状态智能感知与报警系统"等;甲骨文公司提出了智能电网大数据下的公共数据模型;美国电力科学研究院等研究机构启动了多项智能电网大数据研究项目；加拿大的 BC Hydro 公司和美国的太平洋电力公司根据用户的历史用电数据，进行了大数据技术的应用研究。

然而，目前的电力运维信息化还存在待完善的地方，主要的挑战与困难如下：

（1）随着服务器的不断增多，运维数据中心的规模越来越大。

（2）现行的服务器系统一般需要大量的技术员进行手工操作，不仅人力成本高、容易出错，而且很难保证整个系统的稳定性和高可用性。

（3）中间件、数据库、服务器、存储器等基础架构资源，缺乏统一、有效的监控和管理手段，资源利用率普遍较低。

（4）因重点关注高效的数据处理方法，所以很少考虑数据的隐私和安全性问题。

针对这些问题，业界提出了改变信息系统的建设集成方式、利用虚拟化的 IT 资源池及建立统一的运维管理平台等办法，拟通过自动化、虚拟化、标准化的方式实现大数据背景下的电力数据处理平台。

7.2　电力输电线路运维的大数据分析需求

大数据技术开启了一次重大的时代转型，无论是商业思维，还是管理，无时无刻不受到数据的影响和改变。有了大数据技术，才能够从大量的数据中洞察到世界各行各业及人类的行为规律。输电线路的日常运营与维护必然要面对大数据的采集、管理和信息处理的挑战，将全面影响输电网络规划、技术变革、设备升级、电网改造，以及设计规范、技术标准、运行规程，乃至市场营销政策的统一等方方面面，它支撑的正是整个未来具有新结构的进行精细化能量管理的输电网络系统。

大数据作为一个划时代的技术概念，逐渐得到各行各业从事战略管理和信息化人士的认可。大数据和输电网络的融合是当前的一个热点话题，但目前大多是从大数据和输电网络整体特征上所进行的概念融合。输电网络运行与维护为大数据提供了完整、可靠的数据来源，大数据为输电网络的精益化运维奠定了坚实的技术基础。

当前对于输电线路的大数据分析研究大多是从一个侧重点出发，借助相关的评价指标体系，对输电线路的健康状况进行评估。基于相关的智能算法对输电线路进行预测研究。系统的输电线路应急预警模式研究并不多见。

基于大数据的处理方式，各行各业都可以结合自身的发展需求，改变企业战略。电力公司的输电线路运维管理也面临同样的转型需求。针对每天产生的海量输电线路数据，电力公司应通过高性能的数据库管理软件进行数据处理，挖掘潜在的价值，发现输电线路的隐患，做好前期的预测和隐患的预处理，将风险控制在萌芽状态，提高输电线路的精益化运维水平。

按照国家电网公司《标准化线路建设要求》和《输电专业精益化管理考核评价规范》的要求，全面开展输电线路精益化运维工作，提升输电线路运维技术水平，是近年来国家电网公司输电线路专业运维的重点工作。输电网的快速发展伴随着特殊时段的保电任务的增多、恶劣天气下的应急抢修、日益增多的外损源管控等，给输电线路专业运维水平的提升带来了新的难题。应做好对线路本体的专业运维，与兄弟供电公司的属地化协同运维，对环境和固定点巡视外包业务的质量管控，展现输电线路的精益化运维特点，从而提升输电线路专业的运维水平。

处于不同环节的电力信息系统对数据有着不同的要求，但它们均要求在加强对资源消耗的控制与预测的同时，保持与数据源之间交互的连续性。这类问题需要用大数据方案来解决。随之而来的问题便是如何将智能电网信息系统中的数据融入分布式云计算架构中来完成大数据的处理。

7.3 电力输电线路运维的大数据来源与特点

7.3.1 电力输电线路运维的大数据来源

电力输电线路运维大数据在行业内部主要涉及电力生产和电力服务运维各环节的数据，从发电、输电、变电、配电、用电到调度，每个环节都会产生海量数据。如电厂发电过程中的电能生产、运行监控和设备检修等数据，电力企业运行中的用户资料、电力市场等信息，配电公司管理中的人才物资、协同办公、资本运作等数据，它们一起构成了多源、异构、多维和多形式的电力数据资源。

通过使用智能电表、巡检设备等智能终端设备，可采集整个电力系统的运维数据，再对采集的电力运维数据进行系统的处理和分析，从而实现对电网的实时监控，进一步结合大数据分析与电力系统模型对电网运行进行诊断、优化和预测，为电网实现安全、可靠、经济、高效的运行提供保障。

7.3.2 电力输电线路运维的大数据特点

电力系统在运行过程中会产生海量多源异构数据，也就是大数据，保证现代电网安全运行的前提是能够及时处理这些数据。其中，绝大部分是输变电设备状态监测数据。输变电设备状态监测数据既包含设备的基本信息，也包含设备运行中的在线状况监测信息，数据量十分巨大，这对数据处理的可靠性和实时性的要求很高。输变电系统中的数据具备以下特点。

1. 规模（Volume）大

输变电设备状态数据规模很大，一般在 TB 级和 PB 级。例如，数据采集与监视控制 SCADA 系统，按 10 000 个遥测点，采样间隔为 3～4 s 计算，每年将会产生 1.03 TB 数据。

2. 类型（Variety）多

输变电设备状态数据呈现类型多样化的特点，包括历史数据、实时数据、文本数据和多媒体数据等结构化、半结构化及非结构化数据。对于不同类型数据的处理方式及处理要求也是不一样的。例如，输电线路的台账信息通常是以文本数据的形式被记录的，而线路的运行状况则往往是以图片或视频的形式被记录的。

3. 价值（Value）密度低

输变电设备状态数据具有价值密度低的特点。输变电设备运行过程中记录了海量数据，其中绝大多数属于正常数据，仅有非常稀少的故障数据，而这些极其少量的故障数据比正常数据更有价值，能够帮助操作者了解设备的真实状况。例如，输变电设备连续 24 h 的状态监测数据中，真正有价值的可能只有 1～2 s。

4. 要求数据处理速度（Velocity）快

由于电力系统的特殊性，操作者往往需要在极短的时间内做出正确的操作，这就要求系统能在极短的时间内对海量数据进行有效分析，以辅助操作者做出决策。

7.4　电力输电线路运维的大数据解决方案

对于电力输电线路运维而言，设备多处于满负荷状态，易造成突发事故损失；对于发电企业而言，设备实际使用状态可能尚未达到需要"保养"的条件，但是根据统一的定期检修计划进行检修时，设备往往处于"过修"状态（超过实际需要），零部件及人力维护成本高。

应用大数据技术对输电线路实时数据进行分析，发现早期故障指征，可以做到按需巡检。进一步而言，通过模式识别与传统专家系统的结合，可以实现故障的预测性自诊断，提前获知将要发生的故障类型，进行相应准备；还可以根据故障可能带来的危害、影响范围、可能发生的时段等，自动给出检修、维护建议，从而实现电力运维的自主运行、自主监测。

整个电力系统的可靠性不再由依靠经验制定的检修周期来保证，而是基于设备的实时状态及对设备未来状态的科学预测，提升电力系统的可靠性，同时避免过修、欠修，降低相关检修成本和人力成本。

7.5 电力输电线路运维的大数据分析方法

电力输电线路的大数据分析是指从大量、不完全、有噪声、模糊和随机的实际应用数据中，提取隐含在其中、人们事先不知道的，但又潜在有用的信息和知识的过程，即数据的过滤、存储与挖掘的过程。数据挖掘是一门交叉学科，它把人们对数据的应用从低层次的简单查询，提升到从数据中挖掘知识，提供决策支持。不同领域的研究者，尤其是数据库技术、人工智能技术、数理统计、可视化技术和并行计算等方面的学者和工程技术人员已投身到数据挖掘这一新兴的研究领域，形成了新的技术热点。

7.5.1 面向设备状态大数据的分布式存储和处理技术

1. 数据高效存储技术

传统的设备状态数据存储多采用关系型数据库，或以关系型数据库为基础的并行数据库，其面对海量数据加载及查询时性能下降明显，不能很好地适应设备状态大数据分析的应用需求。面向电力运维大数据的存储系统需要满足结构化和非结构化结合、可靠性高、容量大、存储速度快等要求，一般采用主流的分布式文件存储和分布式 NoSQL 列存储数据库（HBase 或 HDFS）。为了提高访问性能，需要针对电力运维数据的特点优化存储策略，加快数据处理速度。例如，考虑电力运维数据相关性和时空属性的分布式存储算法，按照设备主属性、时间戳和相关系数使具有相关性的数据在集群中聚集；对 Hadoop 平台的数据划分策略、集群网络拓扑规划进行优化等。

2. 数据快速检索技术

大数据分布式存储并没有完全解决数据高效检索问题，尤其是单一行键查询难以满足电力运维数据灵活多条件时空查询的需求。为提高电力运维数据检索和分析的效率，针对设备状态数据的查询业务虽然频繁发生，但因其具有类型相对固定的特点，可采用多数据源并行连接的查询方法和二级索引技术，设计复合行键结构，在查询的性能及业务的灵活性之间进行平衡。该技术基于增量索引和动态索引的数据检索方法，资源利用率高、稳定性高、容错性高，能够较好地满足设备状态大数据快速、灵活查询的需要。

3. 数据实时与并行处理技术

电力运维计算处理技术主要包括实时流处理技术和并行批处理技术。实时流处理技术的特点是：处理速度快，可以简单、高效、可靠地处理大量的数据流，但是无法精确反映数据的全貌。并行批处理技术可以实现数据自动分隔、任务均衡、并行处理和结果融合。电力运维大数据分析可以根据业务特点和对处理时间的要求，综合应用不同的处理技术。例如，故障诊断分析等需要处理数据库中海量历史数据的应用场景，可采用并行批处理技术；输电设备隐患快速检测及视频监控图像识别等需要实时处理传感网络监测数据的应用场景，可采用实时流处理技术和内存计算技术。

7.5.2 电力运维行业的数据 ETL 技术

电力运维行业的数据体量大、种类多，这给数据分析工作造成了麻烦。ETL 的全称为 Extract-Transform-Load。其中，Extract 是数据抽取，即把需要的信息从数据源中抽取出来；Transform 是数据转换，即根据一定的要求对抽取出来的数据进行转换，在这个过程中，需要对数据进行加工处理，使其具有一定的可读性；Load 是数据加载，即将处理好的数据添加到目的数据源中。ETL 技术是电力运维行业数据集成的核心技术，合理地运用 ETL 技术能使电力运维数据处理更加高效。

1. ETL 数据交换方法

ETL 技术彻底解决了 Oracle 存储过程复杂化和不可维护等问题。以输电线路智能化反外损监控系统为例，它通过数据抽取从海量监控数据中获取异常数据，再将异常数据回传到后台服务器，而不需要将所有数据回传，这样可以提高预警的反应速度，并且大大降低无线通信流量，使该系统的大规模推广成为可能。

2. ETL 数据转码方法

在数据转码的过程中，引入 ETL 转换模板，把源数据文件按照模板转换成目标数据库需要的格式，模板的编写简单明了。

7.5.3 电力输电线路的数据挖掘分析技术

电力运维行业数据挖掘分析技术的核心是将信号转化为数据进行分析和处理，基于深度学习，从海量数据中寻找潜在的规律，并提取出关键信息，帮助管理者制定科学的决策，全面提升电力运维水平。

1. 数据关联分析方法

电力运维数据挖掘分析的研究方式不同于基于数学模型的传统研究方式，大量数据可以不依赖模型和假设，只要数据间存在关联性，经过分析计算就可以获得传统方法发现不了的新模式、新知识，甚至新规律。这就是数据关联分析方法。

2. 数据深度学习分析方法

深度学习是一种基于深层网络模型，面向低层数据对象，采用逐层抽象机制，最终形成高层概念的机器学习方法。深度学习区别于传统机器学习的关键点在于，其能够模拟人脑神经系统的多层式结构，以及人脑认知过程的逐层抽象、逐次迭代机制。

以电力输电线路监控图像识别为例，其前提是图像分割，即将原始图像分割为若干个互不相交的子区域，其目的是将目标区域与背景区域分离，以减少背景干扰，并提升目标图像处理速度。基于无监督聚类算法的分割技术是将图像中具有信息特征的像素点映射至多维特征空间，并通过多维特征空间中点的聚类分析实现图像的多层分割。深度学习能够直接作用于像素级的原始数据，并自动逐层地进行特征学习，具备强大的自动特征提取、复杂模型构建能力及高效的特征表达能力，在结合卷积神经网络的基础上，对其网络拓扑结构等方面进行改进，相较于传统算法，显著提升了巡检图像的识别准确率。

电力输电线路运维大数据分析的核心是利用输电线路巡检、设备状态、电网运行和环境等方面的多源、海量数据进行深度融合分析和机器学习，提高故障诊断和预测的实时性与准确性。根据应用场景，可以构建以下三类分析模型：

（1）通过多维统计分析、聚类、关联分析、回归分析、时间序列分析等大数据挖掘手段，分析各类状态数据的关联关系及变化规律，构建历史知识图谱模型。

（2）通过大量数据的多维统计和挖掘分析，建立基于数据驱动的状态评价、故障诊断和预测模型。

（3）利用大量样本数据进行智能学习，对现有状态评价和故障诊断物理与数学模型进行修正、补充和完善。

7.6 电力输电线路运维的大数据分析案例

7.6.1 输电线路智能化反外损监控系统

1. 概述

以上海市为例，其用电负荷高，对供电可靠性的要求也在不断提高，电网运营面临巨大挑战。由于城市建设、工农业生产、居民活动等因素的影响，近年来，输电线路事故逐年增加，但人工巡检很难及时对出现在线路保护区及铁塔上的危险做出预警。因此，需要采用新技术提高输电线路反外损管理的工作效率。

目前，在上海地区，输电线路中最主要的外力破坏隐患有两种：一是大型机械车辆在线路保护区内违章操作，导致"跳闸"事故；二是风筝、雨布、彩色塑料布等悬挂物悬挂在输电线路上，在雨雪天气下导致线路间绝缘性下降，产生跳闸事故。

输电线路智能化反外损监控系统采用前置图像智能识别处理硬件平台及相应的智能识别算法来实现对视频信号的前置智能识别与分析，使无线通信流量降低 90%。该技术解决了已有系统"实时视频采集、压缩无线传输、后台集中处理"中的无线通信成本高、带宽小、视频数据精度受限的问题，创新性地将图像智能识别前置，就地进行图像处理，再报警回传，目前的工作方式是"实时视频采集、就地图像处理、数据就地存储、报警回传后台"，这使该技术具备了产品化推广的条件。

输电线路智能化反外损监控系统还进一步对国内大型城市输电网络连锁故障突发事件应急管理进行了研究，主要是分析输电网络在应急情况下的管理策略问题。首先，以上海市输电网络演化为例，基于近 50 年的上海输电网络演化数据，提出了灵活的加权复杂网络演化模型算法，深入剖析上海输电网络的特点，为后续研究奠定基础；其次，构建了输电网络连锁故障传播模型，探讨输电网络危机事件动态演化特征，并基于动态控制思想，探讨输电网络故障应对策略；再次，借鉴动态权变的思想，构建了输电网络线路健康状态动态评估的权变层次分析法，提出了输电网络线路风险评估策略的完整思路和适用于输电网络状态检修的新评价、评估及分析算法；最后，基于实际输电网络的加权网络图，探讨了输电网络巡视数学问题，并利用 MATLAB 仿真计算输电网络巡航机最优巡航方案。

2. 系统架构

输电线路智能化反外损监控系统架构如图 7-1 所示。

图 7-1　输电线路智能化反外损监控系统架构

该系统采用前置视频识别与处理技术，对输电线路保护区内出现的外力损坏危险源，主要是大型机械车辆和风筝、雨布等悬挂物，进行自动的实时运动检测与跟踪，并对危险源可能对输电线路造成的潜在危险进行多级预警。

在需要监测的输电线路保护区内，在每个高压杆塔上安装一套基于嵌入式处理器的前置识别处理终端，实时采集输电线路保护区内的视频数据。通过嵌入式处理器对实时采集的视频图像进行识别处理，并将识别处理的结果回传给后台监控中心。后台监控中心也可以根据需求，通过 5G 无线通信来实时查看线路保护区内的状态，以及存储在前置识别处理终端的历史视频数据。

3. 技术优势

相对于传统的利用无线通信技术将视频信号传送到监控中心，在监控中心进行智能识别，当发现外力破坏隐患时发出预警信号，并将信号传回现场实现就地声光报警的方式，该系统具有如下技术优势：

（1）无线通信流量降低 90%以上，极大地节省了无线通信费用，使智能化反外损监控系统具备了大规模推广的条件。

（2）就地实现智能化识别，缩短了就地声光报警的反应时间，有利于更早地阻止外力破坏。

4. 系统组成

输电线路智能化反外损监控系统组成如图 7-2 所示。其中，前置识别处理终端（200）包括：视频解码模块（101）、嵌入式视频识别与处理模块（102）、背景建模模块（103）、目标检测模块（104）、目标跟踪模块（105）、危险源识别模块（106）、本地声光报警模块（107）、Wi-Fi 通信模块（108）、历史视频数据存储模块（109）、5G 无线通信模块（110）、报警联动和视频编码输出模块（111）。数码摄像机（100）对输电线路保护区进行视频采样，以有线以太网方式接入前置识别处理终端（200），通过视频解码模块（101）实现视频解码，将采集的视频数据解码为嵌入式视频识别与处理模块（102）需要的视频数据类型。

图 7-2 输电线路智能化反外损监控系统组成

背景建模可采用经典的 MOG 方法或 Codebook 方法。当背景建模成功后，任何进入警戒区域的危险源都可以通过当前帧与背景模型的对比被检测出来。

嵌入式视频识别与处理模块（102）是前置识别处理终端（200）的核心，它既对采集的视频信息进行实时识别处理，也对前置识别处理终端（200）内的其他设备进行协调管理。

背景建模模块（103）、目标检测模块（104）、目标跟踪模块（105）、危险源识别模块（106）都是 DSP 中的功能模块，其功能是对比前景区域与受监控危险源模型。如果它们之间的相似度满足预先设定的条件，则认为此前景区域为应受监控的危险源。

前置识别处理终端（200）中存储的视频图像数据，可在本地通过 Wi-Fi 通信方式下载到监控用编程器中。而且，通过 Wi-Fi 通信模块（108），维护人员可在高压铁塔下对前置识别处理终端（200）及数码摄像机（100）进行调试和系统升级。

历史视频数据存储模块（109）可将视频图像存储 60h，通过嵌入式视频识别与处理模块（102）对存储的视频图像标记时间，将发生外力损坏隐患时间段的视频图像设置为不可删除。

5G 无线通信模块（110）用于实现前置识别处理终端（200）与无线移动监控客户端（114 和 115）、后台监控中心（113）、输电线路高层管理人员（112）之间的通信。

报警联动和视频编码输出模块（111）可向后台监控中心发出报警联动信号，并将视频数据压缩编码后，借助 5G 无线通信模块（110）向后台监控中心传输。

当前置识别处理终端（200）发出预警信号后，通过安装在现场的声光设备实现现场声光报警，提示危险源离开受监控保护区域。同时，根据预警级别与系统设置，可向无线移动监控客户端（114 和 115）、后台监控中心（113）、输电线路高层管理人员（112）发送预警信号。

5. 系统算法

视频图像智能识别算法是该系统非常重要的部分。采用先进的人工智能和模式识别技术对视频图像进行分析，并将算法放到前置的嵌入式系统中，实现本地自动检测外力破坏隐患，这样可以提高预警的反应速度，并且可以大大降低无线通信流量，使该系统的大规模推广成为可能。具体算法及处理过程如图 7-3 和图 7-4 所示。

图 7-3 视频图像智能识别算法

图 7-4　视频图像智能识别算法处理过程

6. 系统功能

（1）检测大型机械入侵

大型机械运动跟踪及检测算法功能模块开发后，当大型机械驶入线路保护区范围内时，利用目标跟踪算法，对该机械进行跟踪定位。如果大型机械行驶到高压线下方并停留超过一定时间，则进行现场声光报警，提醒大型机械不能停留在警戒区域内。如果该机械继续停留在高压线下方，并且有进一步动作，如伸展吊车臂，则会对吊车臂的运动进行跟踪，估计出吊车臂与其最近的高压线之间的距离，并提高预警级别，将警报信息逐级传送到最高主管领导处。

（2）检测违章建筑

输电线路保护区范围内是禁止搭建房屋等建筑的，这会危害线路走廊的安全，容易造成跳闸事故。违章建筑检测算法功能模块开发后，从违章建筑在高压线下方开始搭建，到其具有一定高度，都能发出预警信号，并逐渐提高警报级别，直至将警报信息送达最高主管领导处。

（3）检测违章堆土

在输电线路及铁塔下方或周围违章倾倒垃圾或者堆土的行为会威胁塔基的稳固和安全。堆土检测算法功能模块开发后，当发现违章堆土情况时，会对铁塔下方出现的堆土进行检测并发出预警。

（4）检测高压线下方树木

夏季树木生长快，而输电线路因用电负荷很高而大幅下垂，因距离不够，输电线路可能会对树枝放电而造成跳闸。应用图像特征的融合技术和机器学习技术，提取树木的颜色信息和纹理特征（如共生矩阵特征、灰度互信息特征），开发出对高压线附近的树木进行自动检测的模块。该模块可以根据摄像机的拍摄角度、历史信息等，对检测到的树木高度自动进行估计和预测，当树木生长过快，与高压线之间的距离小于警戒距离时，会发出预警信号，并能根据具体情况提高预警级别，直至将警报信息传达到最高主管领导处。

7.6.2 基于位置信息大数据驱动的输电线路智能巡检系统

1. 概述

输电线路是电力系统的重要组成部分，由于长期暴露在自然环境中，不仅要承受正常机械载荷和电力负荷，还要经受野蛮施工、树木灾害、线路保护区内的"三违"操作、导线悬挂异物等外界因素的危害。如不及时发现和消除这些潜在隐患，则可能由量变发展到质变，并最终发展成各种严重故障，对电力系统的安全运行构成严重威胁。

线路巡检管理是有效保证输电线路及其设备安全的一项基础工作。巡检能掌握线路运行状况及周围环境的变化，及时发现设备缺陷和危及线路安全的隐患，提出具体检修意见，以便及时消除缺陷，预防事故的发生或将事故限制在最小范围内，从而保证输电线路的安全和稳定运行。

传统输电线路巡检方式存在人为因素多、管理成本高、无法监督巡检人员工作状态等缺点。为了提高输电线路巡检工作的科学管理水平，有效监督巡检人员的工作，杜绝巡视不到位等情况的发生，并对巡检数据进行数字化统一管理和统计分析，实现巡检工作的电子化、信息化和智能化，有必要开发一种高效、实时的输电线路智能巡检系统。

2. 系统架构

该系统是一种基于二维码和GNSS（全球导航卫星系统）差分定位的输电线路智能巡检系统，系统架构如图7-5所示。

巡检人员利用智能手机进行巡检作业时，基于二维码铭牌加密的精确GNSS位置坐标，通过空间计算模型，应用百度地图的位置信息大数据接口应用软件，使用智能手机，扫码录入巡检信息，并把检查结果直接提交到服务器，利用相关大数据分析技术进行数据处理。系统构成如图7-6所示。

巡检手持终端通过扫描方式读取线路本体设备的二维码信息，通过内置的GNSS接收模块接收GNSS和SBAS的卫星信号进行差分定位；巡检手持终端通过广域网与数据中心进行双向数据通信，经广域网将线路本体设备的二维码信息、巡检终端的位置及巡检记录发送到数据中心；数据中心对收到的信息进行分析、存储和管理，并与数据中心服务器中存储的线路 GIS 信息相结合，为用户终端提供线路本体设备的分类统计数据及巡检记录查询。

图 7-5 系统架构

图 7-6 系统构成

巡检手持终端可以是专用智能终端、平板电脑或智能手机中的任何一种。用户终端是受限的智能手机、个人计算机（PC）、平板电脑等具备查询和 Web 浏览功能的设备，巡检手持终端也可被认为是受限用户终端中的一种。

该系统需要支持二维码铭牌、巡检手持终端和数据中心服务器之间的信息交互过程和交互内容。三方之间的信息交互过程如图 7-7 所示。

图 7-7　信息交互过程

巡检手持终端通过专用的设备本体巡检应用软件（终端 App），扫描杆塔二维码铭牌，读取二维码信息并进行解密，得到杆塔基本参数信息、杆塔准确位置坐标。

巡检手持终端通过内置的 GNSS 接收模块，接收 GNSS 信号进行卫星导航单点定位；在 GNSS 信号遮挡严重的巡检环境下，GNSS 接收模块会同时接收 GNSS 卫星的导航定位信号和 SBAS 卫星的差分校正信号，进行精密单点定位解算。

巡检手持终端将杆塔基本参数信息、杆塔位置坐标、巡检备忘和巡检人员位置等信息进行编码和打包，通过广域网发送到数据中心服务器。数据中心服务器针对不同的巡检人员，下发巡检任务；同时，根据巡检手持终端提交的查询请求，返回当前杆塔的巡检历史记录、杆塔维护和维修记录，以及告警、提示或帮助等信息。

3．系统功能

该系统的基本功能包括巡检、管理、信息查询和信息处理。实现这四项基本功能的详细工作流程如图 7-8 所示。

（1）巡检

巡检员通过巡检终端上的软件登录系统，在领取巡检任务之后，开始巡检工作。

巡检员利用巡检终端的二维码扫描功能，扫描杆塔二维码，读取杆塔二维码的信息并解码，获得杆塔基本信息和准确位置坐标。

图 7-8 工作流程

扫描杆塔二维码的同时，巡检终端读取 GNSS 接收模块中的定位结果，得到巡检员的位置信息和当前时间。

巡检员通过巡检终端录入线路及本体的巡检备忘。

巡检终端将杆塔基本信息、杆塔准确位置坐标、巡检备忘、巡检员位置和巡检时间等数据进行编码和打包，发送至数据中心，完成单一杆塔的巡检任务。

（2）管理

巡检员通过巡检终端上的软件登录系统之后，巡检员的个人信息、当前位置坐标和时间会自动定时发送至数据中心，由数据中心实现核心管理和地图显示等功能。

（3）信息查询

巡检员或其他授权用户使用巡检终端或用户终端，向数据中心提出查询请求。

数据中心根据查询请求及杆塔基本信息等输入参数，返回杆塔的历史巡检记录、维护和维修记录，以及告警、帮助或提示等信息。

（4）信息处理

数据中心接收巡检数据和存储、查询请求、巡检员位置等信息。

数据中心对接收到的数据进行解码、分析、处理和统计。

数据中心使用数据库对设备本体及线路 GIS 数据、巡检数据、待巡检本体设备和线路历史信息进行存储和管理。

数据中心使用 Web 服务器提供历史数据查询显示、巡检员行走轨迹地图显示，生成线路或待巡检本体设备统计报表，实现统计结果的可视化显示。

4. 输电线路精益化运维平台

该系统根据上海电网的实际情况，研制开发了上海地区特高压输电线路精益化运维平台，建立了一个大数据中心，对收到的信息进行分析、存储和管理，并与数据中心服务器中存储的输电线路 GIS 信息相结合，为包括各种移动手持终端在内的用户终端提供高压输电线路和杆塔的分类统计数据及签到记录查询。

该系统基于 HTML5、CSS3、JavaScript、Java、Android 等多种语言开发工具，采用 jQuery、Ajax 的富客户端技术进行前后台数据访问。数据存储和管理采用 Oracle 和轻型数据库 JSON 格式文件。输电线路精益化运维平台包含杆塔管理、杆塔地图管理、杆塔线路地图管理、用户管理、角色管理、功能管理及菜单管理等模块，运行在 B/S 模式下。输电线路精益化运维平台采用最新的 Web 技术和手机 App 技术，通过计算机和手机无须下载插件就可以轻松地使用浏览器播放、查阅相关杆塔及输电线路资料。

7.6.3 特高压输电通道无人机巡检系统

1. 概述

电力是现代工业发展的根本，也是我国的重要资源。电力线路覆盖范围广，穿越区域地形复杂，存在各种设备缺陷和通道安全隐患，如不及时发现并处理，可能会导致严重事故，甚至会威胁电力系统的安全和稳定。电力部门每年都要花费巨大的人力和物力资源开展巡检工作，以便掌握线路的运行状况，及时排除线路中的安全隐患。

目前，电力线路巡检主要分为人工巡检、机器人巡检、直升机巡检和无人机巡检。传统的人工巡检不仅要求巡检人员具备相关的专业知识，而且极大地依赖于巡检人员的工作态度，特别是对山区及跨越大江大河的输电线路的巡检，所花时间长、人力成本高、困难大、风险高，对人工巡检提出了极大的挑战。机器人巡检是针对架空高压输电线路的一种自动化巡检方式，主要巡检输电导线故障、绝缘子破损、防振锤松动等。机器人能带电工作，不仅可以替代人工巡检，而且可以极大地提高巡检精度。然而，机器人具有的行进速度慢、巡线距离短、跨越障碍困难等不足限制了它的应用范围。直升机巡检方式通过直升机搭载可见光和红外成像设备，对输电线路拍摄图像，相比于人工巡检和机器人巡检，提高了电力维护和检修的效率。美国、法国、澳大利亚等国家都建立了用于巡检的直升机机队，国内的南方电网、华中电网、福建省电力公司等也陆续开展了直升机巡检。但建立直升机机队的投入大，开发专项技术也需要投入大量的人力资源，管理及技术准备都十分复杂，这限制了直升机巡检在国内的推广应用。近年来，利用无人机进行输电线路巡检的方式渐渐兴起。相比于直升机巡检，无人机巡检不需要搭载拍摄人员，而且无人机体积小、载重轻、成本低，操作也较为简单。目前贵州、青海等省份已尝试开展针对高海拔、复杂地形的无人机巡检。相比于人工巡检，其他三种巡检方式不仅提高了检修效率，而且人力成本低、风险低。

2. 系统架构

该系统采用大疆无人机进行电力线路巡检。无人机巡检软件需要在手机中显示实时视频，而大疆无人机自带的软件不能连接后台服务器，所以需要开发自己的无人机软件。无人机软件及其运维后台的功能需求如下。

（1）实现用户注册与登录。

（2）连接无人机，使用无人机拍照。

（3）实时显示无人机拍摄的视频。

（4）实现无人机照片上传至专用服务器的功能。

（5）实现无人机照片的拼接。

（6）实现照片和用户数据的保密。

（7）实现无人机照片的分类，以及多终端浏览。

（8）实现视频的实时传送。

通过开发整个系统，实现巡检软件和大疆无人机的连接，以获得照片和视频，并保证数据的安全和可控。通过自主开发的软件可以对获得的图片和视频资料进行更有效的管理和存储，能达到实时拼接、实时播放的目的，为后续更进一步的研究提供了数据基础。

3. 输电线路外界环境状态监测平台

基于以往30余年输电线路停电的历史原因和分布状况数据，结合当前输电线路运维信息及可能存在的间接影响输电线路的数据，利用大数据的信息推荐算法，构建输电线路外界环境状态监测平台。基于输电线路外界环境状态监测平台，预测输电线路可能存在的隐患故障趋势，以及停电潜在危机区域，动态显示输电线路可能存在的隐患信息地图。

输电线路外界环境状态监测平台需要建立专门的输电网络数据库，收录输电网络以往30余年输电线路停电的历史原因和分布状况数据、日常运维数据及影响输电网络安全的运维数据。基于精确的LBS技术，借鉴天翼导航思想，全面收集输电线路杆塔本身属性信息（修建时间、承建单位、杆塔的地理位置坐标、高度、体积、质量等）、输电线路信息（故障、损毁、维修历史记录，巡更/巡检记录，停电的历史记录信息）、输电线路周边环境及跨越情况等信息，并将信息嵌入输电线路杆塔的二维码铭牌之中，采用二维码对必要信息进行编码、加密和记录。

输电线路外界环境状态监测平台要求输电网络运维管理部门在每一个巡视周期收集完整的输电网络日常运维数据，借助常规数据库软件建立输电线路状况数据库，对日常巡视数据进行分析汇编。

为了快捷、高效地传输信息，网络接口可以延伸到每个输电网络运维管理小组，随时可以接收输电网络日常巡视数据。通过制定输电线路精益化信息快速采集指导方案和操作细节，利用单人数据采集装置，克服无人机和有人机的限制（包括天气状况、空管要求、费用等），为快速、便捷地完成现场信息采集、集成提供支撑。

当巡视人员提交输电网络巡视状况数据时，必须按照电网规定的输电网络舆情报告的标准对数据进行分类，然后使用经授权的密码将数据输入在线申请表，供输电网络运维管理者查看。输电网络运维管理者（如巡视组长）能第一时间掌握输电线路本身的健康状况及周边环境变化情况。

输电线路管理部门应设立专门的数据监控组，数据监控组由输电线路管理部门负责人直接领导，负责进行全市范围内有关输电网络线路的健康状态评级，基于三维街景地图生成输电网络线路健康状况地图，为管理者安排巡视计划和危机处理决策提供依据。

由于数据最终要被输入计算机以生成输电线路状况报告，因此，良好的数据基础对于输电线路外界环境状态监测平台的成功运维至关重要。输电线路外界环境状态监测平台并非简单地建立一个数据库，而是要通过数据来生成产品，提供地图分析、停电事故潜在危险预测等信息，以使管理者获悉发生了什么、应该对哪些输电线路优先巡视、采取何种措施来预防潜在停电事故的发生。例如，在输电线路日常运维过程中，提供合理的巡线安排和资源调度；在风雨天气下重点巡视蔬菜棚区，避免由于刮风引起塑料薄膜缠绕线路，导致停电事故的发生；在天气晴朗时，重点关注空地区域，避免由于风筝线引起停电故障；在春天重点关注苗圃区域，避免由于栽种树木引起停电故障；在重要政治活动期间，重点关注跨越重点路段的输电线路等。

有了良好的数据基础，就能实现对于重点输电线路及周边环境变化的深入洞悉。由计算机绘制而成地图不仅要展示当前的输电线路健康状态信息，还要展示前几个巡视周期的输电网络运行与维护信息，这样可以使管理者较为直观地评估停电事故的影响力和效能。基于输电线路大数据信息推荐算法、情景分析理论，在不同的情景下分析输电线路危险等级，为在特殊时段、特殊路线、特殊区域采取特定的运维策略提供技术支撑，并通过基于位置信息的输电线路二维地图，为输电线路日常运维及特巡管控提供信息推荐。

7.6.4 空、塔、地协同的输电线路智能巡检系统

1. 概述

在无人机巡检技术方面，目前国内关于无人机巡线的研究还处于起步阶段，主要集中于硬件开发层面，而发达国家已经开始进行后续的图像数据处理方面的研究，甚至技术要求更高的激光雷达巡线技术也已被应用于无人机上。

西班牙马德里理工大学将计算机视觉技术应用于无人机巡线导航的研究，即利用图像数据处理算法和跟踪技术。日本关西电力公司联合千叶大学共同开发了无人直升机输电线路巡线系统，能检测出由雷击、焊接裂缝、导线断线等引发的线路故障。CSIRO（澳大利亚联邦科学与工业研究组织）开发了具备完善的自动探测障碍物和自动寻路避开障碍物功能的无人直升机。但上述研究内容在特高压交直流线路的缺陷隐患识别和无人机辅助检修作业等方面也还存在较多空白。

在塔上智能监控技术方面，国家电网上海市电力公司从 2010 年启动了通道环境外力破坏隐患的智能识别和预警技术的研究与应用，在大型机械、风筝等隐患的智能识别算法方面已有较高的准确度和鲁棒性。相关研究成果《输电线路反外损综合技术及预警系统的研发》和《输电网络智能化反外损技术深入研究》先后获得第 25 届和第 27 届上海市优秀发明选拔赛金奖，以及 2014 年度国家电网公司科技进步奖三等奖。综合成果《输电网络智能化监控技术》获得了 2015 年上海市科技进步奖三等奖。但上述成果在对通道环境的全过程

管控方面，还缺乏有效的"非结构化图像数据的标准化存储、处理和分析"技术手段。

在地面巡检技术方面，国家电网上海市电力公司自2013年起开始了基于位置信息大数据驱动的智能巡检技术研究工作，采用具有GPS定位功能的智能手机进行输电线路巡检，利用巡检设备轨迹记录功能，实现输电线路巡视路径和巡检内容的可视化；通过移动设备与后台服务器之间的数据交换，对巡检数据进行可视化分析、处理，有效提升了输电线路巡检的效率和质量。研究成果《提升上海地区超特高压输电线路可靠性智能化运维关键技术研究与应用》获得了2015年上海市科技进步奖三等奖和第7届全国电力职工技术成果奖三等奖。但是，上述地面巡检技术缺乏高空无人机抵近巡检和杆塔智能监控装置的全过程通道管控协同配合。

随着经济社会的发展和人民生活水平的提高，全社会对供电可靠性的要求越来越高，电网安全压力进一步加大。目前，上海电网作为特高压交直流混合大电网，正处于建设过渡时期，具有"强直弱交"的电网运行特性，并且电网外部运行环境更加复杂多变，在送受端都给电网安全稳定运行带来巨大的威胁。与传统电网相比，上海电网的运行风险大增。

以特高压线路为代表的跨区电网输电通道和城市中心区域的超高压电缆是城市发展的命脉，保障这些特高压输电线缆的安全稳定运行是电网企业日常运维工作的重中之重。

以互联网技术为核心、以工业4.0为代表的新一轮科技革命和产业变革正在深刻影响传统产业，"互联网+"被写入国务院政府工作报告并上升为国家战略，这为当前电网巡检技术变革升级提供了历史机遇。针对电网运行安全提出的新要求，需要借助先进的"大、云、物、移"技术，协同无人机、杆塔监控和地面巡检，构建协同巡检资源共享、巡检过程一体化调配和巡检策略最优化的巡检新模式，以确保电网输电设备安全、可靠的运行、降低线路非计划停运率为目标，全面提升输电设备本体状态管控能力，实时掌握线路通道状况，降低输电线路停电次数，实现输电设备状态管理由事后应对向事前防范转变，为用户提供更为安全、可靠的优质电力。

2. **系统架构**

该系统基于人工智能深度学习、云计算、大数据分析及移动互联技术，通过"空"（无人机巡检技术）、"塔"（塔上监控非结构化图像数据的标准化存储、处理和分析技术）和"地"（三位一体协同的大数据巡检技术），构建"信息多元化、诊断智能化、运维高效化"的输电线路通道巡检体系，实现协同巡检资源共享、巡检过程一体化调配、巡检策略最优化。从人员角度上实现巡检人员由从事单一巡检业务向从事验收检测、分析诊断为主的复合型、专家型人才转变，从运维模式上构建"监测—评估—预警—预控"的输电线路智能巡检技术，从而进一步提高城市电网的运行可靠性，全面提升输电线路智能精益化运维水平。

系统技术架构如图 7-9 所示。

图 7-9　系统技术架构

（1）空中巡检智能化

打通无人机与地面工作站之间的数据通道，差分比对输电线路杆塔 GPS 坐标和无人机机载 GPS 坐标，一旦数据偏差为 10 m，就自动提示地面工作站无人机已经进入某个输电线路杆塔拍摄范围，请求拍摄指令。地面工作站会自动发布输电线路杆塔及其通道的拍摄任务，并建立对应的文档信息，将拍摄任务指令发送给地面无人机操控手，无人机操控手按照拍摄指令在固定点拍摄杆塔本体设备图片和视频，分为上相、中相和下相采集本体设备图像。

对于输电线路走廊无人机数据采集，每隔 30 m 从规定高度进行航拍。所有采集的高清图片和视频自动存入机载嵌入式数据单元，将压缩的图片和视频实时回传到地面工作站。地面巡检人员通过访问地面工作站的服务器可以实时查阅输电线路本体设备图片和视频数据，以及输电线路走廊图片和视频数据。

无人机数据采集工作流程如图 7-10 所示。

（2）杆塔智能化监控

传统的高斯混合模型能处理非抖动视频的前景提取，但是对抖动视频的适应性不强。本案例提出了基于矩的块运动估计高斯混合模型，用于抖动视频的前景精确提取。算法采用块的矩来估计块的运动矢量，通过运动补偿使帧图像保持稳定。

图7-10 无人机数据采集工作流程

为了提高城市安保的质量和水平，摄像设备已被应用到几乎所有的公共场所，但对大量的摄像设备所获取的视频目前还无法进行全面、智能、精确的分析。利用人力来查看监控视频，既不实际，也不经济，而且研究发现，人在观看监控录像20 min后注意力便会下降到很低的水平。而一个能够适应复杂场景的视频前景提取算法，可以自动地对视频中的前景进行提取，也可以将提取的前景作为模式识别和运动分析系统的输入，对视频进行智能分析。因此，视频前景提取技术的发展有利于社会安保系统的完善和公共安全水平的提升。

在许多其他领域的研究中，也不乏视频前景提取技术的身影。例如，病人服下某种药物后，医生可以使用视频前景提取技术来追踪药物在病人体内的踪迹，验证药物是否准确地到达病灶并发生作用；动物行为研究学者可以不必长时间观察目标个体的行为，而是利用智能视频分析系统来代替；在军事领域，视频前景提取与目标追踪技术可被用于捕捉关键目标的行为，以加强防御、辅助进攻。

综上所述，视频前景提取技术在公共安全、科学研究和日常生活中都具有广阔的应用前景，它的使用可以提高各方面工作的效率和质量。但是，视频前景提取仍旧面临着许多难题，需要学者们继续研究。

（3）地面智能化巡检

对可能导致供电故障的因素进行归纳后，确定导致设备故障的关键因素。针对这些因素，基于数据挖掘和网络爬虫技术，在互联网上收集相关信息。对于收集到的信息采取进一步的数据清洗和分析处理，提取关键信息，并建立"潜在故障事件"模型。根据输电线路的自身属性，建立"设备地图"模型，此模型包含输电线路的地理信息、运维信息等。

对"潜在故障事件"和"设备地图"模型进行数据分析，最终生成对未来上海各个区域的输电线路发生故障的风险评分。当危险性达到一定数值时，相关人员可提前对输电线路进行检修，防止出现经济损失甚至生命危险。该方案可对故障风险进行估计，对故障的发生进行预测，将损失降到最低。

7.7 电力输电线路运维大数据技术展望

随着电力基础设施的建设日益完善，输电线路日趋增多。输电线路所处地理位置和环境条件非常特殊，异物挂线（主要指气球、风筝线、塑料薄膜在下雨天气造成线路短路，出现停电事故）、自然灾害（主要指台风、暴雨及高温等自然灾害）、人为损害（主要指输电线路附近的违章建筑、大型器械如吊车在输电线路周围的违规操作等）、设备故障（主要指配电变压器、电缆线路和架空线路及附属设备等老化、绝缘不良等）及不明原因的其他状况（如鸟害等原因），导致线路被迫停电事故的发生概率呈上升趋势。因此，研究电力基础设施的反外损对策，是确保电网安全运行亟待解决的重要问题。

2019年，国家电网公司提出，建设世界一流的能源互联网企业的重要物质基础是要建设运营"坚强智能电网"和"泛在电力物联网"。2019年1月13日发布的国家电网公司2019年1号文件中提出，推动电网与互联网深度融合，着力构建能源互联网。具体内容包括："充分应用移动互联、人工智能等现代信息技术和先进通信技术，实现电力系统各个环节万物互联、人机交互，打造状态全面感知、信息高效处理、应用便捷灵活的泛在电力物联网，为电网安全经济运行、提高经营绩效、改善服务质量，以及培育发展战略性新兴产业，提供强有力的数据资源支撑。承载电力流的坚强智能电网与承载数据流的泛在电力物联网，相辅相成、融合发展，形成强大的价值创造平台，共同构成能源流、业务流、数据流'三流合一'的能源互联网。"

7.7.1 基于区块链技术的输电线路反外损运维系统

区块链技术本质上是一个分布式的账簿，在反外损工作中，其主要用于输电线路铁塔维护记录与业务积分激励。对于社会人员提供的反外损信息，电力公司可以通过积分兑换等方式来进行激励。而区块链技术的不可修改和可追溯性质，提供了公开、透明、公平的系统，社会人员获得的积分奖励受智能合约的约束，可查询的记录可以通过社交网络影响其他未参与或可能参与反外损的受众群体，具有一定的示范效应。同时，电网企业可以通过可追溯的记录,清晰地了解各个输电线路铁塔和线路的维护保养情况,有利于精准运营管理。

7.7.2 基于社交网络用户激励的系统运营模式

根据社交动员与人员激励的前期研究,一种激励系统框架被提出,其中设计了以下三种反外损的运营机制:

(1) 社交网络激励。通过激励输电线路或铁塔附近社会人员主动上传照片,发现隐患,并通过 App 提示附近的居民。提供有效信息的居民和确认信息的人员,都可获得积分奖励。

(2) 社会设备主人激励。将巡检责任落实到分管员。分管员认领输电线路或铁塔,作为社会设备主人,负责地区网格化管理范围内的输电线路铁塔基础巡视工作。设立分管员积分制度,用于年终考核。

(3) 抢单激励。通过 App 发布抢单通知,调动巡检员和社会力量参与反外损的积极性。

1. 社交网络激励

社交网络激励的目的在于,让输电线路铁塔和线路附近的社会人员主动发现故障隐患,上传照片。社交网络激励见图 7-11。为此,需要在系统中嵌入一个社交网络平台。用户可以主动发起一个事件,以图片+文字描述的形式提供隐患信息,该事件在社交网络上全网可见。

图 7-11 社交网络激励

用户发起事件信息后,用户的朋友可以通过点赞、评论、转发等行为,对该隐患信息进行确认。用户一个人的观察可能具有一定的主观性,如施工车辆在输电线路附近施工,也许会被误认为破坏了输电线路。因此,否认机制被引入,如果用户的朋友或附近的居民发现并没有产生损坏,则可以否认该用户的这条信息,并上传现场照片。于是,每一起事件信息都有正面与负面评分。

另外，激励设计还考虑到了用户本身的信用，如果一个用户经常提供无效信息（被分管员否定的信息）或虚假信息（被其他社交网络用户否定的信息），那么该用户的信用积分较低，而成功发布被采纳信息的用户的信用积分则较高。于是，结合用户的信用积分和正面、负面评分，合理设置权重，就可以得到该事件的总得分。进一步，设置一个总得分的阈值，当总得分超过阈值时，该信息进入事件处置阶段。在事件处置阶段，分管员首先根据用户上传的图片，以及用户好友的评论与图片信息，确认是否存在隐患。如无隐患，则结束该事件；如确认有隐患，则出勤巡查检修，完成检修后，将积分奖励给用户及其好友。

积分奖励包括信用积分与可兑积分。其中，信用积分的设置参考以下三个维度：

（1）用户的日常电费缴费评分。

（2）用户的好友数评分。

（3）用户成功提交反外损信息的比例评分。

基于这三个维度产生信用积分，信用积分可作为计算可兑积分的权重。可兑积分可以用来抵扣电费、兑换企业允许范围内的其他货币或实物。

2. 社会设备主人激励

目前电网输电线路铁塔的数量远远大于巡检员的数量，而且输电线路铁塔的分布地域广泛，巡检员出勤的时间成本高，巡检效率低。为了全面覆盖输电线路铁塔的日常检查与维护，避免遗漏，社会设备主人激励机制已建立，即让巡检员认领其能力范围内的输电线路铁塔，成为分管员。社会设备主人激励见图7-12。

图7-12 社会设备主人激励

对地区进行网格化处理，每个分管员负责一个网格中所有的电力设备。分管员在每一个设定周期内（每日、每周、每月）对网格中的设备进行"打卡"，确认该设备已经得到巡检或检修。"打卡"机制还能够设定积分奖励，并在年终对分管员的绩效进行考评。

3. 抢单激励

抢单激励由分管员发起，目的在于补充巡检无法覆盖到的区域上报信息。单纯采用社交网络激励机制，会导致上报信息区域不平衡的问题，因为由社会人员自发上报信息具有随机性和偶然性。而抢单激励机制的提出则解决了覆盖不全的问题，由分管员主动派单，社会人员抢单，完成检查任务。抢单激励见图7-13。

图7-13 抢单激励

工单在社交网络上发布后，全网可见，并不局限于发布地点附近的居民抢单，只要社会人员愿意上传拍照，就能够参与抢单。一旦抢单成功，就会激活社交网络激励机制，经过好友确认和分管员确认后，即可完成该单。由于抢单的地区往往比较偏僻，为了调动社会力量的积极性，在完成工单后，用户的积分奖励为社交网络激励机制的两倍。考虑到社交网络激励机制中否定机制的存在，一旦被好友否定，未达到智能合约执行条件的阈值，当前工单就流拍，并自动重新发布在社交网络上。

7.7.3 电力物联网价值挖掘

物联网的概念由MIT的Kevin Ashton在1998年首次提及，他提出，将RFID技术和其他传感器技术应用到日常物品中构造一个物联网。1999年，由Kevin Ashton带头建立的Auto-ID Center对物联网的应用进行了更为清晰的描述：依靠全球RFID标签无线接入互联网，使得从剃须刀到欧元纸币再到汽车轮胎等数以百万计的物品能够被持续地跟踪和审计。

电力行业对"物联网"的理解如下：物联网是一个实现电网基础设施、人员及所在环境识别、感知、互联与控制的网络系统。其实质是实现各种信息传感设备与通信信息资源（互联网、电信网甚至电力通信专网）的结合，从而形成具有自我标识、感知和智能处理能力的物理实体。实体之间的协同和互动，使得有关物体相互感知和反馈控制，形成一个更加智能的电力生产、生活体系，从而衍生出基于通信技术的电力物联网概念。

目前，业界对电力物联网的具体定义还未形成统一意见，传统电力生产、传输、消费的所有环节信息化都可以称为电力物联网。就目前国家电网公司的技术储备而言，增强电网的感知、通信、计算和分析能力是其可预见的发展方向。电网企业预计将综合运用"大、云、物、移、智"等新信息技术，与新一代电力系统相互渗透和深度融合，实时在线连接能源电力生产和消费各环节的人、机、物，全面承载并贯通电网生产运行、企业经营管理和对外服务等业务。在终端层表现为万物互联的连接能力，在网络层表现为无处不在、无时不有的通信能力，在平台层表现为对全景设备和数据的管控能力。

从2018年国家电网公司信通工作会议上制定的规划来看，整个SG-eIoT系统在技术上将分为终端、网络、平台、运维、安全五大体系，打通输电业务、变电业务、配电业务、用电业务、经营管理五大业务场景，通过统一的物联网平台来接入各业务板块的智能物联设备，制定各类电力终端接入系统的统一信道、数据模型、接入方式，以实现各类终端设备的即插即用。

近年来，国家电网公司的信息化水平不断提升，国家电网公司系统接入的终端设备超过5亿个（其中，有4.7亿只电表，各类保护、采集、控制设备几千万台）。规划到2030年，接入SG-eIoT系统的设备数量将达到20亿个，整个电力物联网将是接入设备最多的物联网生态圈。经过D5000、调控云等系统的改造和升级，国调中心在电网观测、控制水平方面已经称得上世界先进，输电网基本做到可观、可控、能控、在控。各地配电自动化系统建设也在推进当中，2020年基本完成全网95%的配电自动化覆盖率，各种在线监测、智能预警系统比比皆是。基于PMS2.0系统，主要设备的全生命周期管理在近两年内也能基本完成。通信网络建设如火如荼，无线专网、保护专网陆续上马。国家电网公司智慧车联网平台已经连接全社会80%的公共充电桩，以及4万多辆电动汽车。

通过建设电力互联网发展与互联网经济相关的新业态，包括新能源、智能制造、智能家居、智慧城市等新业务。非传统领域的新业态已经和传统电网业务处于同等重要的地位。实际上，所谓新能源、智能家居、智慧城市等，都可以被囊括进"电力物联网"。总体来看，"坚强智能电网"仍是电网企业业务的基本盘，做稳输、变、配、用、售环节的既定业务范围，在增量配网试点和配售电侧改革不断深入的背景下坚守传统阵地，抵御"外部的野蛮人"，是电网企业今后工作的"拿分项"；而国有企业改革走向"深水区"，"电改"（指电力体制改革）大势倒逼，提出"电力物联网"概念，则是主动出击、开拓新方向的求变之举，是电网企业今后工作的"发力点"。

7.8 总结

电力设备运维状态的监测分为数据采集、数据分析和状态评估三个阶段。数据分析在其中处于核心地位，直接决定着设备状态监测工作的质量。电力大数据作为一种新兴的技术和理念，虽处在发展阶段，但已展示出数据中蕴藏的巨大能量。

以数据为中心的信息化理念将变革传统的信息化工作思路，促进信息化与工业化深度融合，给电力运维行业带来全新的工作方式和商业模式，在智能电网建设、智慧城市建设中发挥更大的作用。大数据技术的广泛应用必将促进电力行业转型升级，促进能源节约和高效利用，对服务经济社会发展、示范"电力先行"具有积极意义。

第 8 章

人工智能在流程工业科研和工程中的创新应用与展望

8.1 流程工业创新的重要意义

流程工业领域实施创新战略具有十分重要的意义。目前国内多数企业存在创新和转型动力不足的情况，具体表现在以下 4 个方面：

（1）企业更关注于稳定生产、优化产能方面，在新产品研发和产品转型方面的重视和投入往往不足。

（2）在整体经济上升的时期，此种经营方式没有问题，但是在经济下行周期内，这种经营方式弊端就显现出来。经济下行时期，市场需求萎缩，同类的中低端产品大打价格战，企业利润被摊薄甚至陷入亏损，而高端产品却无法生产，主动权被国外企业把持，国外企业赚取大额利润。

（3）在目前的新产品研发模式下，研发的技术门槛高，研发成本高，试错成本大，成功概率低，所以企业对产品研发和升级有畏难情绪，止步不前。

（4）当企业陷入困境亏损时，才想起需要研发新产品，进行产品升级，但是此时为时已晚。

以上这些问题在国内具有一定的普遍性，需要企业和政府共同出力来解决，才能摆脱这种死循环。

流程工业中的创新主要体现在新产品的创新上。而新产品创新往往聚焦于新型聚合材料、精细化工、生物医药等领域。从本质上看，无论是石油裂解、催化反应，还是钢铁冶炼，合金铸造，再到生物医药、活性生物制剂、芯片材料、新能源电池等，去繁化简，抽取出这些产业最本质的共通部分，即这些产业的本质都是对原材料进行物理或化学上的加工与再处理过程，最终完成材料的改性，满足商品化的要求。而从微观上看，不同的材料都由分子、原子组成，若能在计算机上仿真模拟物质微观的物理或化学反应过程、反应机理、解释反应现象，在材料研发领域具有颠覆性的促进作用。发达国家在研发领域，已经将计算化学和人工智能结合，先利用计算化学的方式，开发快速、可靠的计算方法和算法程序，通过高通量的理论模拟和计算完成先进材料的"按需设计"。同时利用高通量微反应实验技术对仿真结果进行快速验证并为材料数据库提供必要的输入，建立普适、可靠的数据库和材料信息学工具，并利用信息学、统计学方法通过机器学习、数据挖掘等工具探寻材料结构和性能之间的关系模式，以加速新材料的设计和应用。

由此可见，流程工业的创新可以提高新产品的研发效率、降低研发费用、优化产品质量、推进环境保护，增强企业竞争力，促进产业升级，从而在全球竞争中占有有利位置，并对经济的持续、健康发展起到促进作用。凭借创新技术、先进的工艺以及精细化的管理策略，使资源利用效率得到提高，并达到生产流程的自动化、智能化，在应对日益严峻的市场环境挑战的同时，还能满足市场对优质产品的需求。因此，对于流程工业的创新不仅局限于新产品层面的创新，而且还涉及管理创新、商业模式创新等诸多方面。正是由于全方位的创新和突破，才能使流程工业企业具有更高的竞争力和持续的发展能力。

1. 创新工艺技术

创新工艺技术是流程工业进步的基础要素，涉及对已有工艺的改进，以开发新的工艺流程或提高现有流程的运行效率。比如，对反应过程进行改进，采用尖端分离技术或优化物料转换过程，以达到在提高生产能力和产品品质的同时，在减少能源消耗和生产成本的情况下，提高生产效率。因此，创新工艺技术在流程工业的发展中起着举足轻重的作用。

2. 数字化与智能化

利用信息通信技术和自动化技术可使生产流程得到优化，从而增强生产弹性并对自动化程度进行改进。为达到此目的，可实施工业 4.0 技术，结合物联网，运用大数据人工智能等技术来实现智能制造，从而促进生产效率的提高和产品品质的保证。

3. 环境友好与持续发展

为了应对流程工业领域所面临的环境挑战，创新绿色生产技术，对工艺进行改进，在降低污染物排放量的同时，提高资源与能源的循环利用效率，如开展零排放技术和废弃物资源化回收利用技术的研发工作。

4. 新型材料的创新

借助新型材料的引入或对现有材料性能的优化，以提升产品性能和生产流程的效能。化学工业生产过程通过采用创新型催化剂，可以有效提升反应效率和选择性。

5. 能耗优化低碳生产

为应对能源消耗量大的问题，在提高能源利用效率的同时，还采取了包括能源管理优化技术在内的多项措施。比如提高热能的回收利用率，优化用能结构等。这些技术措施都有助于实现对能源的高效利用。

6. 保障安全与健康

重点抓好生产工艺的安全性和对员工身体健康的保护，创新研发相关技术与装备。通过增强作业场所的安全等级来有效降低员工接触到有害物质的可能风险性，从而有效地保护员工的身体健康与生产安全。

7. 供应链优化

运用新的管理技术和策略，在增强原材料供应的稳定性和成本效益性的同时提高分销渠道的高效性和物流配送的效率与协调度。

8.2 传统流程工业存在的问题

传统的工业，尤其是那些依赖老旧技术和设备的产业，遭遇了一系列深层次的问题，最核心的问题是能源使用量大和资源利用率低，这不仅提高了生产成本，而且加重了对自然资源的过度消耗。在环境污染方面，因为缺少有效的环保控制方法和环保设备，生产过程中排放的废气、废水和固体废物对自然界造成了巨大影响。另外，传统流程工业企业的产业化程度和自动化程度较低，使得企业的成本增加，市场竞争力降低。此外，安全问题也是一个严重问题，化工品泄露、爆炸和火灾等事故频发，严重危害着员工的生命安全和企业的财产安全。鉴于技术革新能力有限，众多传统流程工业企业难以迅速应对市场需求的变化，因此存在被淘汰的可能。这些挑战严重阻碍了传统流程工业的持续发展，传统流程工业企业迫切需要借助技术革新与管理改良来应对。

1. 能源消耗问题

众多传统流程工业在运作过程中对能源的需求量极大,尤其是化石能源,这不仅推高了成本,还导致了能源资源的过度利用。

2. 环境污染问题日益凸显

传统流程工业生产过程不可避免地会产生大量的废气、废水以及固体废弃物,这些排放物质对自然环境造成了负面影响。在诸如化工、钢铁和造纸等行业中,污染物排放问题显得尤为严重。

3. 资源利用效率低

传统工业流程,普遍存在大量资源浪费的现象,例如原材料的利用率较低、能源转换效率偏低等,这些因素导致整体资源的利用效率较低。

4. 生产效率和自动化程度有相当大的局限性

自动化生产线虽然已经在部分企业中推行,但总体上仍有继续深挖的潜力来提高生产效率。同时,相对较低的自动化、智能化水平导致人员劳动力成本居高不下。

5. 安全隐患

传统流程工业领域的安全隐患较高,特别是在化工领域事故频发,可能导致人员伤亡,财产损失严重,还可能对环境造成恶劣的后果。

6. 技术创新能力有限

在一些传统企业中,相对较少的技术创新和研发资金的投入,导致技术进步速度还不够快,无法适应急剧变化的市场需求。

7. 可持续发展能力不足

鉴于对短期经济收益的高度重视而忽略了长远的可持续发展,一些传统流程工业面临资源耗竭、环境恶化等挑战,难以实现长期、稳定的增长。

8. 全球化进程加速

在全球化的大背景下,传统流程工业企业正面临着来自国际领先企业的激烈竞争压力,尤其是在环保标准、产品品质和技术创新等关键领域。

面对这些挑战，传统流程工业必须借助技术革新、管理改善及环保措施等手段实现数字化转型升级，以达到可持续发展的目标。

8.3 流程工业创新方向

目前，流程工业的创新重点在新材料研发、多模态人工智能技术、人机协同以及智能综合决策等领域，这些领域也都是人工智能驱动的创新重点。这些创新举措都是在优化产品质量、确保安全生产的同时，提升生产过程的智能化、数字化水平。在这些创新点中，新材料的研发已经成为流程工业领域内创新动力源源不断的显著亮点。新材料研发推动行业朝着绿色、低碳、安全的方向发展，通过对产品性能和生产工艺的根本性改善，引领行业向更高效、更环保、更智能的转型升级迈进，从而为打造资源节约、环境友好的产业体系奠定坚实基础。

8.3.1 干实验室计算化学与材料学

干实验室（Dry Lab）在科学探索和技术创新，尤其是新材料研发领域具有举足轻重的地位。特别是在数据密集型研究领域，与传统湿实验室（Wet Lab）相比，干实验室主要关注计算机仿真、数据处理、统计分析以及理论模型的构建，不涉及化学试剂或生物样本的实际操作。干实验室的功能涵盖了但不限于推动基于大数据的科学创新、加速复杂系统模拟与预测、提升实验设计的准确性，以及检验理论模型的可行性。借助高性能计算平台、尖端软件工具及先进算法，实验室科研人员得以处理庞大数据集，深入研究从基因组学到物理学、材料学等多个领域的科学议题。这些技术为传统实验手段提供了补充或替代方案，显著提升了研究生产力与创新潜力。

计算化学在现代化学领域中占据着重要地位，其通过高性能计算机对化学反应过程、分子结构以及物质属性进行模拟，为揭示分子间相互作用、预测未知化合物特性以及设计新型材料和药物提供了强大的支持。计算化学技术在不进行实际实验的前提下，能够对复杂的化学问题进行深入研究和解答，从而显著降低了时间成本和资源消耗。此外，该技术能够揭示传统实验方法无法观察到的微观细节，从而协助科研人员深入探究化学反应的内在机理。借助计算化学的实践，我们不仅提升了新药研发、新型材料探索以及能源技术革新的进程，还促进了化学理论的进步与化学教育的革新，从而对化学科学及其在能源、材料、生物等领域的应用产生了深远的影响。计算化学、材料科学主要关注于在纳米和皮米尺度上进行模拟和分析。时间尺度与空间尺度的对应关系如图 8-1 所示。

```
时间尺度
  秒                                    连续介质力学        不同时空尺度的调控目标
                                                          宏观尺度
                                                          注重：工艺控制
 毫秒
                                  缺陷动力学               介观尺度
                                  相变动力学               注重：能量转化
 微秒
              量子力学半
              经验方法            蒙特卡罗方法分子          分子尺度
                                  动力学                   注重：分子动力模拟、
 纳秒          量子力学                                     势能面计算
              第一性原理
              密度泛函理论
 皮秒
         皮米           纳米           微米           毫米        空间尺度
```

图 8-1　时间尺度与空间尺度的对应关系

干实验室与计算化学的融合以创新的科研方法为目的，在理论化学的基础上开辟出了一个新的领域，即对复杂化学现象及分子结构进行基于计算机数值的模拟与预测，从而在尚未进行实体实验的前提下，加速对新药物、新材料等的发现；对材料的微观结构优化改良以及对物质能源转换过程进行深入的探讨与研究，在化学科学发展及其运用上注入强大的推进力量。这种方法在化学学科发展中起着举足轻重的作用。以当前所提倡的以实验室和计算化学相互结合的科研方式为蓝本，以点带面地促进化学科学及其运用的深入开展与开发将大有可为。

8.3.2　湿实验室自动化微反应器

湿实验室作为科学研究和技术开发中不可或缺的一部分，主要涉及液体、生物样本、化学品等湿态物质的实验操作环境。其核心价值在于为化学合成、生物实验以及材料科学研究等领域提供一个专门且安全的环境，因为这些领域需要直接操作化学药品和生物材料。在湿实验室中进行精确的实验操作和条件控制，有助于探索未知的科学现象、验证理论假设、开发新的药物和材料。湿实验室的发展对于医学、药物学、生物技术、化学以及材料科学等多个领域产生了积极的推动作用，从而在新材料发现、人类健康、环境保护以及科技进步方面具有重要的意义。

湿实验室中广泛采用的自动化微反应器技术在化学合成与生物科技领域中，代表了一项突破性的创新。该技术融合了微流控技术和自动化控制系统，为新型材料的研究开发提供了一个高效、精确且可控的实验平台。此类微型反应器主要由微型管道、反应室、混合器以及控制单元构成，能在极小空间内进行化学反应或生物过程，从而实现物质的精确混合、反应条件的严格控制和实时监测。

自动化微反应器具有高度可编程性，可以根据特定的条件和要求对化学反应进行控制并产生特定的产物。自动化微反应器具有以下 5 点优势：

1. 高效能

使微反应器具有较大表面积与体积比一般促进热量与物质的传递从而使反应速度得到较大提高的同时显著缩短了反应所需的实验周期。

2. 精确调控

对反应过程中的物流量进行精确的控制温度压力时间等参数实现反应环境的精细调节从而确保实验成果的可复现性和稳定性的同时。

3. 安全性

在自动化微型反应器中发生的化学反应被限制在较小的封闭空间之中，这就在很大限度上降低了危险化学物质外泄的可能性，从而使实验操作具有更大的安全保障性。

4. 节能减排

使微反应器在优化使用反应物质方面发挥更大作用是符合绿色化学与可持续发展理念的。使能源消耗和废弃物产生有较大幅度的降低。

5. 智能化与融合

自动化控制技术引入反应过程中的自动监测和数据记录功能来优化的实验结果的分析。自动化微反应器在连续复杂流程操作中的融合能够有效地提高反应的进行效率。

湿实验室自动化微反应器技术已在药物合成、新材料研发、催化剂评估、生物工程等众多领域得到广泛应用，为科学研究与工业生产提供了一种创新的实验及生产方式。随着微流控技术与自动化控制技术的不断进步，预期这种微型反应器在未来将产生更加显著的影响。

8.3.3 干湿实验室的结合

人工智能赋能的干湿实验室结合标志着又一项重大的科研进步，也标志着科技革新的不断深入。在这类场景中，干实验室的数据分析、模拟仿真和预测建模，以及实验设计、自动化操作和结果分析等领域，都广泛应用了人工智能技术。在揭示数据中人类难以识别的模式和关联为实验方向提供指引、优化实验流程的同时，人工智能技术的融入大大提高了实验过程的效率和精度。

在湿实验室中，人工智能技术通过机器学习算法，极大地优化了实验方案。自动化设备依据人工智能的指令精确地进行实验操作，从而显著降低人为失误的次数，提升实验的重复性与可靠性。此外，人工智能具备实时分析实验数据的能力，并能迅速调整实验条件，以提高实验效率。

在实验室环境中，人工智能技术的高效计算可用于处理和分析庞大的实验数据集。通过构建模型并进行仿真实验，人工智能技术为湿实验室提供了理论支撑和预测指导，从而减少了不必要的重复试验，优化了时间和资源利用率。

以人工智能技术为基础的干湿实验室，既有技术层面上的整合，更多的是对科研思路的革新。这一技术对科学发现和技术革新具有促进作用，使研究质量与效率得到了很大的提高，在药物发现中起到很大的作用，在新材料研究和环境监测等领域也有很大的运用价值，而且随着人工智能技术的不断发展和应用范围的不断扩大，它将在今后的科学研究与技术创新中发挥更为重要的作用。在此模式中，人工智能能够对庞大的实验数据进行有效的处理和解析，对材料微观结构与性能之间错综复杂的联系进行揭示，同时能对未知材料可能具有的潜在属性进行预测，从而为实验布局和材料制备提供科学的依据。因此，人工智能技术在干湿实验室中的应用不仅使研究手段得到了很大的提高，而且对于今后的科学研究和技术创新具有十分重要的意义。

今后，在科学研究领域与技术革新的发展过程中，这种人工智能技术赋能干湿实验室的模式无疑会有更加出色的作为。2023年12月登上《自然》杂志的 Coscientist 干湿实验室结合，在人工智能 GPT-4 的驱动下，只需要经过一次尝试、花费几分钟时间便成功复现一项诺贝尔奖研究成果。此项研究揭示了人类可能通过高效运用人工智能技术，加速科学新材料的发现进程，并增强实验成果的可重复性与稳定性。另一项同样发表在《自然》杂志上的研究，名为"A-Lab 的实验室平台"，同样展示了人工智能技术赋能下的干湿实验室。在仅用17天的时间内，人工智能便独立制备出41种新型材料。相较而言，科研人员在探索新型材料方面可能需要耗费数年的时间进行实验与尝试，才能达到相似的创造成功的目标。

由此可见，在人工智能的支持下，新材料筛选和优化方面的效率有了极大的提高，试错所需的成本显著下降，时间有了显著的缩短。再加上人工智能在湿实验过程中的自动化操控及实时数据解析能力，实验结果的精确性和执行效率也有了明显的提高。所以今后，科学领域与技术革新的发展过程中这种干湿实验室与人工智能相结合的模式无疑会有更加突出的表现。

干湿结合的实验室有许多类型，典型的如图 8-2 所示。

图 8-2 干湿结合的实验室

因此，可以看出，人工智能引领的第四次工业革命已经到来。在未来一段时间内，这将对流程工业产生深远影响，并为全人类带来颠覆性变革。

8.3.4 人工智能与人在回路、人机融合的结合

干实验室主要涉及不包括化学品或生物制品处理的计算机模拟、数据分析等领域。相对来说，湿实验室指的是实验环境，需要对化学、生物产品等实际物质进行处理。干实验室和湿实验室在此基础上各自承担着不同的职能和特色。借助于高效的数据处理和模式识别功能，人工智能技术在两种实验室环境中被广泛应用，在它的赋能下，科研人员对材料属性及其反应机制的揭示更为迅速。因此在这样的科研环境中，人类研究者和人工智能的角色将发生转变，这意味着人类研究者不再被动式地接受人工智能的数据分析结果，而是与它形成有效的互动。通过两者的互动，完成诸如搜索专业知识、优化实验设计、解释和验证人工智能的分析结果等。这样的交互模式不仅可以增强人工智能分析的精确性和稳定性，还可以借助于人类的创新思维，带领人工智能在更多未知领域进行深度探索。

在新型材料研发领域，人工智能技术具备快速筛选与预测材料特性的能力。在这一过程中，人类科研人员依据人工智能预测结果构建新型实验方案，以此来验证人工智能的预测准确性，并依据实验反馈对人工智能模型进行优化调整。这种融合模式促进了新型材料的发掘与改良，有效提升了科研效能及创新步伐。人在回路（Human-in-the-loop，HITL）

的概念与干湿实验室中人工智能自主材料分析的结合体现了一种高度互动和协同的科学研究模式。在此模式下，人类研究者与人工智能系统互补并共同促进材料科学的进步。此类融合体现了一种先进的科学研究模式，通过人机协同，充分利用人类与人工智能各自的优势，促进了材料科学领域的高速发展。

人在回路和人机融合（Human-Machine Integration）是两个重要概念。让人类主动介入人工智能及自动化系统的决策流程是人在回路的核心，在这种模式下，人工智能系统会寻求人类在关键环节的参与、审核或调整，以便执行任务或制定决策。这类模式的核心在于：人类的参与，特别是在处理复杂、不清楚或未知的情况时，可以增强系统的准确性和稳定性。人机融合的概念涉及更深层次的人与人工智能（人工智能）的融合与协同，旨在构建一个无缝协作的环境。人类的认知能力和机器的计算能力在这个环境下是相辅相成的。人机融合强调的是一种更紧密、持续的交互关系，可能涉及脑机神经直接接口、增强现实（AR）、虚拟现实（VR）等技术。

人在回路与人机融合虽然在实现方式上有区别，但是两者都突出了人类与机器之间的交互和共生，人在回路强调在决策层面的人类参与，而人机融合强调在操作和执行层面，人类和人工智能更紧密的集成。它们都是在人工智能应用的过程中，依据具体场景和需求选择恰当的模式。随着科技的不断进步，可以预见未来人机互动将变得更为顺畅和高效，而人在回路与人机融合的概念将在众多领域中发挥着更为显著的影响力，共同促进人类社会的发展。

8.3.5 综合决策支持系统

综合决策系统（Comprehensive Decision System，CDS）可视为"人在回路"理念的延伸或优化，特别是在处理复杂问题和决策过程中。在人工智能或机器学习（ML）系统的设计和操作过程中，人类参与者的直接介入是关键所在。此类介入手段可应用于数据标注、模型训练、结果验证或决策过程中，以确保系统输出的准确性、可靠性，确保输出结果与目标的一致性，且符合人类的价值观。

综合决策系统使人类与人工智能系统在复杂决策环境中的协同效应得到了进一步的增强。在这种架构体系中，人类对人工智能的监控与调整不是唯一的要素，更为关键的是如何将人类的直觉、经验和创造性思维与人工智能的数据处理、识别及预测功能相结合，以构建出一个更具动态性和适应性的决策机制，使此机制对更广泛变量的处理能力变得更强。

综合决策系统通过对各种不同来源的数据进行汇总分析，为决策者在决策过程中提供全面、准确且及时的信息，从而帮助他们做出更明智、更有效的选择，同时也保证了决策机制的适应性和创新性。这一系统广泛应用于政府决策、企业管理和生产调度等各个领域。在流程型工业企业中，综合决策系统可以将来自金融、销售、市场、人力资源等各部门的信息进行整合，协助管理层对企业的经营状况进行全面评估，并在投资、成本控制、人员调配等方面做出相应的决定。随着科技的进步，特别是人工智能和大数据技术的发展，综合决策系统将变得更加智能、高效、易操作，为各行业决策者提供更卓越的辅助。

8.4 应用案例

某化工企业由于缺乏中试基地，因此直接在生产装置上进行聚苯乙烯产品的改良试生产。试生产如果失败，则会产生一定数量的报废品，也会造成人力、财力、资源的浪费。因此该企业组建团队，尝试利用试生产时的工艺数据，进行大数据分析，以快速找到质量达标的新产品工艺参数，加速新产品的工艺定型。

聚苯乙烯生产过程中涉及复杂的化学反应和物理变化，每个环节都会产生大量数据。这些数据包括原料特性、反应温度、压力、反应时间、催化剂使用情况、产品的物理和化学性质等。安装传感器和实施信息化管理后，这些数据可以被实时收集，并通过数据整合技术将来自不同生产线和批次的数据进行汇总和标准化处理。

团队利用统计分析方法和机器学习算法对收集到的工艺数据进行深入分析：通过回归分析来确定不同生产参数对聚苯乙烯产品质量的影响程度；利用聚类分析将生产过程中的数据分为几个群体，找出最优的生产模式；通过预测模型预测在特定条件下的产品性能。根据数据分析结果，团队调整了生产参数，如温度、压力、反应时间等，以优化产品质量和产量，同时，利用模拟技术进行虚拟生产，预测调整参数后的生产结果，降低实际生产中的试错成本。采用这种方式后，可以在不影响现有生产线运行的情况下，逐步实现工艺的优化和新产品的快速定型：

（1）工艺数据的收集和清洗。团队对聚苯乙烯某型改良产品前七次试生产的工艺数据进行收集，并根据工艺流程图进行时间对齐。团队收集该装置的工艺参数和相应产品质量数据，经过一系列的常规数据清洗、整理的操作，制作出符合要求的数据集。工艺数据清理如图8-3所示。

TagName	32fc21001.pv	32fc21111	32sc21190.pv	32fc21002	32wc21001	32fc21051	32tc21015	32wc21011	32fc21037	32tc21065	32tc21066	32tc21068	32tc21085	32tc21087
29/Sep/23 00:00:00	11189.42676	1800.549	23.91216087	115.04	22.50355	81.12157	128.9155	21.50583	9.326274	147.9978	155.8813	162.1602	162.1987	167.8904
29/Sep/23 00:05:00	11199.26758	1801.532	23.90924454	115.04	22.50337	81.68835	129.113	21.40966	9.355538	147.9237	155.8634	162.1751	162.2182	167.9003
29/Sep/23 00:10:00	11193.56348	1805.081	23.92868423	115.04	22.50319	80.30042	129.0096	21.53124	9.293423	148.0429	155.8809	162.19	162.2376	167.9101
29/Sep/23 00:15:00	11178.27832	1795.48	23.92296219	115.04	22.50301	80.62106	128.5394	21.45838	9.333199	148.0802	155.8985	162.2037	162.257	167.9199
29/Sep/23 00:20:00	11196.09375	1806.135	23.91310883	115.04	22.50283	80.6181	129.0949	21.51495	9.283545	148.004	155.9162	162.1995	162.2493	167.9298
29/Sep/23 00:25:00	11202.78809	1804.329	23.9125576	115.04	22.50266	80.61513	129.2303	21.32696	9.355984	147.9379	155.9335	162.1953	162.2203	167.9396
29/Sep/23 00:30:00	11200.25586	1803.378	23.93228149	115.04	22.50248	80.61217	129.134	21.52536	9.191072	147.9594	155.9387	162.1911	162.1912	167.9465
29/Sep/23 00:35:00	11210.46191	1803.514	23.93488121	115.04	22.5023	80.60921	129.1918	21.33967	9.356516	147.9809	155.9438	162.187	162.1622	167.9462
29/Sep/23 00:40:00	11210.94629	1799.21	23.90702629	115.04	22.50212	80.22973	129.1527	21.52977	9.432664	148.0023	155.9489	162.1828	162.1332	167.946
29/Sep/23 00:45:00	11209.49219	1801.402	23.91509056	115.04	22.50194	79.36453	128.6879	21.4394	9.348417	148.0102	155.954	162.1786	162.1041	167.9458
29/Sep/23 00:50:00	11202.75391	1803.608	23.93893242	115.04	22.50186	78.52617	129.1338	21.44539	9.366554	147.9982	155.9591	162.1744	162.0751	167.9455
29/Sep/23 00:55:00	11205.03027	1792.937	23.92696571	115.04	22.50177	79.00285	128.7431	21.49127	9.338830	147.9827	155.9642	162.1689	162.0461	167.9453
29/Sep/23 01:00:00	11203.13184	1799.152	23.89334297	115.04	22.50171	79.01513	128.7831	21.42084	9.137123	147.9505	155.9694	162.1629	162.017	167.9451
29/Sep/23 01:05:00	11210.04199	1811.353	23.93392181	115.04	22.50165	78.94727	128.9643	21.45211	9.324436	148.039	155.9745	162.157	161.988	167.9449
29/Sep/23 01:10:00	11204.32227	1796.375	23.95225906	115.04	22.50159	78.87939	128.7259	21.43528	9.401847	148.0889	155.9797	162.151	161.959	167.9446
29/Sep/23 01:15:00	11196.33594	1800.25	23.92269516	115.04	22.50153	78.81153	128.4775	21.45553	9.373578	148.0908	156.007	162.1451	161.9557	167.9444
29/Sep/23 01:20:00	11201.88477	1800.22	23.9050312	115.04	22.50147	78.72395	128.6448	21.41944	9.386079	148.036	156.0293	162.1391	161.9619	167.9442
29/Sep/23 01:25:00	11174.03613	1800.754	23.94302559	115.04	22.50141	78.37427	128.9413	21.37543	9.320967	147.9796	156.0516	162.1332	161.9681	167.944
29/Sep/23 01:30:00	11199.20117	1798.804	23.94322205	115.04	22.50135	78.4698	128.9548	21.42796	9.3359	147.9232	156.0609	162.1272	161.9743	167.9413
29/Sep/23 01:35:00	11193.56934	1799.995	23.91503334	115.04	22.50129	78.63187	128.9684	21.39189	9.361486	147.9186	156.0338	162.1212	161.9805	167.9331
29/Sep/23 01:40:00	11193.78516	1796.841	23.91108131	115.04	22.50123	78.79393	128.982	21.42812	9.402721	147.9897	156.0258	162.1153	161.9867	167.9249
29/Sep/23 01:45:00	11192.7998	1801.627	23.93642426	115.04	22.50117	78.95599	128.9956	21.22859	9.408503	148.0602	156.0176	162.1093	161.9929	167.9167
29/Sep/23 01:50:00	11224.38867	1802.978	23.93612099	115.04	22.50079	79.11806	128.8703	21.44815	9.267099	148.0573	156.0092	162.1034	161.9991	167.9085
29/Sep/23 01:55:00	11222.35059	1796.511	23.90534973	115.04	22.50013	79.28011	128.6795	21.4458	9.385075	148.0544	156.0088	162.0788	161.9511	167.9003
29/Sep/23 02:00:00	11213.14746	1800.421	23.92037773	115.0351	22.49948	79.62451	129.1606	21.44585	9.340686	148.0515	156.0247	162.0473	161.9251	167.8921
29/Sep/23 02:05:00	11224.65918	1807.53	23.94716835	115.0292	22.49882	80.01836	129.2067	21.37517	9.37484	148.0501	156.0406	162.0159	161.7592	167.8839
29/Sep/23 02:10:00	11202.50391	1800.175	23.93385315	115.0233	22.49817	80.41221	129.1211	21.49918	9.35655	148.2799	156.0566	161.9845	161.6533	167.8757
29/Sep/23 02:15:00	11215.42285	1803.312	23.90962601	115.0174	22.49751	80.80605	129.2034	21.39912	9.340556	148.3927	156.0737	161.9531	161.7168	167.8675
29/Sep/23 02:20:00	11210.32031	1799.461	23.92428398	115.0115	22.49685	80.32287	129.2741	21.51469	9.325042	148.2785	156.0857	161.9216	161.691	167.8593
29/Sep/23 02:25:00	11207.32031	1798.619	23.94642639	115.0056	22.4962	80.54424	129.1578	21.48604	9.210172	148.1755	156.05	161.9005	161.8848	167.8511
29/Sep/23 02:30:00	11193.35938	1807.053	23.92937717	114.9997	22.49554	80.4497	129.249	21.4909	9.208765	148.1677	156.0144	161.8775	162.0026	167.8487
29/Sep/23 02:35:00	11198.25586	1796.79	23.89182472	114.9938	22.49489	80.26296	129.5072	21.37209	9.444331	148.1599	155.9787	161.874	162.0529	167.8601
29/Sep/23 02:40:00	11210.4082	1800.423	23.92856026	114.9879	22.49423	80.25923	129.4204	21.52311	9.370974	148.1521	155.9446	161.8607	162.1114	167.8715
29/Sep/23 02:45:00	11229.80469	1800.355	23.93064117	114.982	22.49357	79.90897	129.2281	21.40577	9.307009	148.1443	155.9206	161.8475	162.0985	167.8829
29/Sep/23 02:50:00	11224.54238	1798.351	23.89616013	114.9761	22.49344	79.763	129.4116	21.50492	9.444938	148.1366	155.8965	161.8342	162.0856	167.8942
29/Sep/23 02:55:00	11195.40918	1799.255	23.90945816	114.9702	22.49373	80.70087	128.9587	21.40804	9.386183	148.1288	155.9309	161.8209	162.0727	167.9056

图 8-3 工艺数据清理

（2）根据训练模型，采用梯度提升回归模型等方法，求出工艺参数集合中与某一特定质量指标高度相关的一批工艺参数，形成相关性分析表，并求得关键特征。工艺参数与质量参数的相关性分析如图 8-4 所示。然后根据质量指标期望值，利用遗传模型方法求出最优的工艺参数组合，得到最佳工况工艺参数。

图 8-4 工艺参数与质量参数的相关性分析

（3）团队得到一个产品化的模型。通过该模型，可以根据当前的实时工艺参数，预测出产品质量指标，还可以根据预期的产品质量指标来得到最佳的工艺参数设定值。工艺参数分析过程如图 8-5 所示。

图 8-5 工艺参数分析过程

8.5　总结与展望

针对流程工业的特殊需求和复杂特性，人工智能的应用展现了其独特的价值和潜力，尤其在新材料研发平台、多模态人工智能、人机融合、智能综合决策等方面。在流程工业中，人工智能赋能的新材料研发平台能够通过高效的数据处理和智能算法，加速化学品、能源和其他工业材料的开发进程，实现成本效益和环境可持续性的双重优化。多模态人工智能技术能够整合来自于生产线的各种传感器数据，包括视觉、温度、压力等信息，提供全面的过程监控和预测，增强生产过程的稳定性，提高效率。

流程工业是一个非常复杂的工业体系，具有典型的三传一反的特点，且流程工业的实时性很强。信息处理及协调沟通的过程需要处理大量并发信息，人往往无从下手，所以需要人工智能与操作人员以人机融合的方式，紧密配合，完成相应工作。但目前人工智能发展的水平还处于弱人工智能时代，因此不能完全依赖人工智能的判断，而需要人做出最终的决策。同时，由于流程工业是复杂的工业大系统，在人工智能大模型的赋能下，人在回路、人机融合的理念能够在流程工业中深入应用，通过先进的界面和交互技术，操作人员能够更直观地监控和控制生产过程，实现人机协同优化生产，提高安全性和灵活性。另外，在人工智能大模型的赋能下，智能综合决策系统则能够汇聚和分析大量的生产数据、设备数据和经营数据，为企业管理层提供基于数据的洞察，支持更加科学和精准的决策制定，优化资源配置，提升整体生产效率和市场反应速度。

随着人工智能与流程工业的不断融合，有几个大的变化即将到来：

（1）流程工业必然会变得更加开放，在相当程度上会往敏捷化、灵活化的 ToC 方向靠拢。

（2）现有的 ERP、MES、SCM、CRM、BI 不足以支撑流程工业的数字化转型，一定会有基于混合云架构的开放系统对其进行颠覆或重塑，并与人工智能技术深度融合。

（3）人工智能技术的快速发展将赋能流程工业，在多模态技术、人机共融、综合决策的体系建设上将变得越来越重要。

（4）流程工业需要新的复合型人才。他们既掌握领域知识，又掌握大数据、机器学习等新知识。

（5）流程工业现有的组织形式必然会发生根本性转变，并将以扁平、灵活的互联网模式逐渐融入流程工业。

综上所述，人工智能技术在流程工业中的应用不仅能够推动技术创新，优化生产流程，还能够帮助企业实现更高水平的数字化转型，提升竞争力。随着人工智能技术的不断进化和成熟，其在流程工业中的作用将变得越来越重要，成为推动该行业持续发展的关键力量。

参 考 文 献

[1] 托夫勒. 第三次浪潮[M]. 北京：三联书店, 1984.

[2] 托夫勒. 力量转移：临近 21 世纪时的知识、财富和暴力[M]. 北京：新华出版社, 1996.

[3] 余金寿. 工业过程先进控制技术[M]. 上海：华东理工大学出版社, 2008.

[4] 张洁, 秦威, 鲍劲松, 等. 制造业大数据[M]. 上海：上海科学技术出版社, 2016.

[5] 张晨, 张朋柱, 罗继锋. 信息系统项目治理理论与实践[M]. 上海：上海交通大学出版社, 2016.

[6] 张绍华, 潘蓉, 宗宇伟. 大数据治理与服务[M]. 上海：上海科学技术出版社, 2016.

[7] 郑捷. 机器学习算法原理与编程实践[M]. 北京：电子工业出版社, 2015.

[8] 史德青, 王万里, 刘相, 等. 石油化学工程基础[M]. 北京：中国石化出版社, 2014.

[9] 许秀, 肖军, 王莉. 石油化工自动化及仪表[M]. 北京：清华大学出版社, 2013.

[10] 周抚生. 2018 年中国石油石化企业信息技术论文集[C]. 北京：中国石化出版社, 2018.

[11] 董明, 刘勤明. 大数据驱动的设备健康预测及维护决策优化[M]. 北京：清华大学出版社, 2019.

[12] 胡昌华, 樊红东, 王兆强. 设备剩余寿命预测与最优维修决策[M]. 北京：国防工业出版社, 2018.

[13] 工业大数据白皮书 2017 版.

[14] 苏鑫, 吴迎亚, 等. 大数据技术在过程工业中的应用研究进展[J]. 化工进展, 2016.

[15] 大数据, 离化工有多远[N]. 中国化工报, 2015-10-22.

[16] 刘增才, 李晓霞, 袁小龙, 等. 基于 SSH+ExtJS 架构的化学数据知识框架管理[J]. 计算机与应用化学, 2008, 25：1147-1151.

[17] BIRD C L, FREY J G. Chemical information matters: An e-Research perspective on information and data sharing in the chemical sciences[J]. Chem Soc Rev, 2013, 42: 6754-6776.

[18] 李佳, 徐雯丽, 胡静, 等. 2,4-二氯苯氧乙酸代谢中的水解反应机理[J]. 物理化学学报, 2013, 29：1923-1930.

[19] 大数据与化学数学挖掘[N]. 科学通报, 2015-1-16.

[20] XIA A L, WU H L, LI S F, et al. Alternating penalty quadrilinear decomposition algorithm for an analysis of four-way data arrays[J]. J Chemom, 2007, 21: 133-144.

[21] ZHAO J Q, WANG L Z, TAO J, et al. A security framework in G-Hadoop for big data computing across distributed Cloud data centres[J]. J Comput Syst Sci, 2014, 80: 994-1007.

[22] FAYYAD U, PIATETSKY - SHAPIRO G, SMITH P, et al. Advancesin knowledge discovery and data mining [M]. Cambridge: AAai/MIT Press, 1996.

[23] FAYYAD U, STOLORZ P. Data mining and KDD: promise and challenges[J]. Future Generation Computer Systems ,1997, 13: 99-115.

[24] HOPKINS B, EVELSON B, LEAVER S, et al. Expand your digital horizon with big data[R]. Forrester, 2011.

[25] ABOU - JEYAB R A, GUPTA Y P, Gervais J R, et al. Con2strained multivariable control of a distillation column using asimplified model predictive control algorithm[J]. Journal of Process Control, 2001, 11: 509-517.

[26] JACKSON E J. A user's guide to principal components[M]. NewYork: Wiley-Interscience [Imprint], John Wiley & Sons, Incorporated, 2005.

[27] 成平，李国英. 投影寻踪：一类新兴的统计方法[J]. 应用概率统计，1986，2(3): 267-276.

[28] 曾群芳. 基于拓扑结构保持的线性降维方法研究及其应用[D]. 广州：华南理工大学，2012.

[29] GRIFFITHS T L, KALISH M L. A multidimensional scalingapproach to mental multiplication[J]. Memory & Cognition, 2002, 30(1): 97-106.

[30] ZHA H Y, ZhANG Z Y. Twentieth International Conference on Machine Learning[C]. Menlo Park, California: AAai Press, 2003.

[31] SAUL L K, ROWEIS S T. Think globally, fit locally: unsupervisedlearning of nonlinear manifolds[J]. Journal of Machine Learning Research, 2003, 4(2): 119-155.

[32] 刘晓欣. 互信息多元时间序列相关分析与变量选择[D]. 大连：大连理工大学，2013.

[33] 何宽，陈森发. 基于一类因果关系图的综合评价方法及应用[J]. 控制与决策，2010，25(10):1513-1518.

[34] 许丽利. 聚类分析的算法及应用[D]. 长春：吉林大学，2010.

[35] 戴涛. 聚类分析算法研究[D]. 北京：清华大学，2005.

[36] 郭军华. 数据挖掘中聚类分析的研究[D]. 武汉：武汉理工大学，2003.

[37] 刘红岩，陈剑，陈国青. 数据挖掘中的数据分类算法综述[J]. 清华大学学报（自然科学版），2002，42(6):727-730.

[38] QUINLAN J R. C4.5: Programs for machine learning[M]. SanMateo: Cifomia Morgan Kaufmann，1993.

[39] 栾丽华，吉根林. 决策树分类技术研究[J]. 计算机工程，2004，30（9）：94-96，105.

[40] RISSANEN J, AGRAWAL R, MEHTA M. International Conference on Very Large Data Bases[C]. San Francisco: Morgan Kaufmann Publishers, 1996.

[41] FRIEDMAN N, GEIGER D, Goldszmidt M. Bayesian network classifiers[J]. Machine Learning, 1997, 29(1): 131-163.

[42] 李伟卫，李梅，张阳，等. 基于分布式数据仓库的分类分析研究[J]. 计算机应用研究，2013，30(10):2936-2939，2943.

[43] 王文新，潘立登，李荣，等. 常减压蒸馏装置双模型结构 RBF 神经网络建模与应用[J]. 北京化工大学学报，2004，31(5):23-28.

[44] 苏鑫，裴华健，吴迎亚，等. 经遗传算法优化的 BP 神经网络预测催化裂化装置焦炭产率应用[J]. 化工进展，2016，35(2):389-396.

[45] 杨善升，陆文聪，陈念贻. 数据挖掘在化工生产优化中的应用[J]. 江苏化工，2004，8.

[46] 陈念贻，钦佩，陈瑞亮，等. 模式识别方法在化学化工中的应用[M]. 北京：科学出版社，2000.

[47] 陈念贻，陆文聪. 支持向量机算法在化学化工中的应用[J]. 计算机与应用化学，2002，19(6):673-676.

[48] CAMACHO J. Visualizing big data with compressed score plots: Approach and research challenges[J]. Chemometrics Intell Lab Syst, 2014, 135: 110–125.

[49] 刘新平，何冰，顾俊杰，等. 基于情景分析的上海市输电网络应急管理实证研究[J]. 华东电力，2014，42(09):1742-1749.

[50] 胡钋，徐则诚，金哲，等. 基于灰色关联模型的输电线路舞动预警方法[J]. 电力自动化设备，2018，38(02):117-122.

[51] 赵淳，宋瞰昉，彭波，等. 特高压输电线路污闪和风偏风险实时评估与预警[J]. 中国电力，2018，51(04):15-21，66.

[52] 王海涛, 冯万兴, 陶汉涛, 等. 基于气象参数的输电线路电气可靠性实时评估与预警系统设计与研发[J]. 中国电力, 2018, 51(05):17-23, 67.

[53] 陈彬, 舒胜文, 黄海鲲, 等. 沿海区域输配电线路抵御强台风预警技术研究进展[J]. 高压电器, 2018, 54(07):64-72.

[54] 黄勇, 魏瑞增, 周恩泽, 等. 台风灾害下输电线路损毁预警方法[J]. 电力系统自动化, 2018, 42(23):142-150.

[55] 吴勇军, 薛禹胜, 谢云云, 等. 台风及暴雨对电网故障率的时空影响[J]. 电力系统自动化, 2016, 40(02):20-29, 83.

[56] 谢云云, 薛禹胜, 文福拴, 等. 冰灾对输电线故障率影响的时空评估[J]. 电力系统自动化, 2013, 37(18):32-41, 98.

[57] 谢云云, 薛禹胜, 王昊昊, 等. 电网雷击故障概率的时空在线预警[J]. 电力系统自动化, 2013, 37(17):44-51.

[58] 张仕民, 雷泽宇, 刘意, 等. 基于人工智能的无人机电网智能巡检方案研析[J]. 四川电力技术, 2019, 42(03):90-94.

[59] 林若, 叶远红, 张广梅, 等. 电网巡检新技术[J]. 科学技术创新, 2019(17):180-181.

[60] 吴东, 鲁轩, 金岩, 等. 基于智能运检的无人机立体巡检管理体系的应用与研究[J]. 电子设计工程, 2019, 27(11):185-188, 193.

[61] 钱平, 张永, 徐街明. 智能电网巡检机器人终端视觉巡检技术研究[J]. 现代电子技术, 2018, 41(18):113-116.

[62] 国网上海检修公司运用互联网技术提升输电线路精益化管理水平[J]. 电力信息与通信技术, 2015, 13(09):42.

[63] PICKARD G, PAN W, RAHWAN I, et al. Time-critical social mobilization[J]. Science, 2011, 334(6055): 509-512.

[64] TANG J C, CEBRIAN M, GIACOBE N A, et al. Reflecting on the DARPA red balloon challenge[J]. Communications of the ACM, 2011, 54(4): 78-85.

[65] RUTHERFORD A, CEBRIAN M, DSOUZA S, et al. Limits of social mobilization[J]. Proceedings of the National Academy of Sciences, 2013, 110(16): 6281-6286.

[66] BOND R M, FARISS C J, JONES J J, et al. A 61-million-person experiment in social influence and political mobilization[J]. Nature, 2012, 489(7415): 295.

[67] NOWAK M A, SIGMUND K. Evolution of indirect reciprocity by image scoring[J]. Nature, 1998, 393(6685): 573.

[68] KRAFT-TODD G, YOELI E, BHANOT S, et al. Promoting cooperation in the field[J]. Current Opinion in Behavioral Sciences, 2015, 3: 96-101.

[69] LERNER J S, TETLOCK P E. Accounting for the effects of accountability[J]. Psychological bulletin，1999, 125(2): 255.

[70] SMITH N J. Engineering project management[M]. Ames, IA: Blackwell Science, 2002.

[71] TURNER J R. Contracting for project management[M]. Routledge, 2017.

[72] BERENDS K. Engineering and construction projects for oil and gas processing facilities：Contracting, uncertainty and the economics of information[J]. Energy Policy, 2007, 35(8): 4260-4270.

[73] MÜLLER R, TURNER J R. The impact of principal－agent relationship and contract type on communication between project owner and manager[J]. International Journal of Project Management, 2005, 23(5): 398-403.

[74] WINCH G M. Industrial megaprojects: Concepts，strategies and practices for success[J]. Construction Management & Economics, 2012.

[75] BERENDS T C. Cooperative contracting on major engineering and construction projects[J]. The Engineering Economist, 2006, 51(1): 35-51.

[76] TURNER J R, SIMISTER S J. Project contract management and a theory of organization[J]. International journal of project management, 2001, 19(8): 457-464.

[77] ROSS J. Introduction to project alliancing on engineering and construction projects，publication of Project Control International Pty Ltd[J]. 2003.

[78] BENNETT J, PEACE S. Partnering in the construction industry[M]. Routledge, 2007.

[79] SCOTT B. Partnering in Europe：Incentive based alliancing for projects[M]. Thomas Telford, 2001.

[80] THOMAS G, THOMAS M. Construction partnering and integrated teamworking[M]. John Wiley & Sons, 2008.

[81] BEACH R, WEBSTER M, Campbell K M. An evaluation of partnership development in the construction industry[J]. International journal of project management, 2005, 23(8):

611-621.

[82] KIVIAT T I. Beyond bitcoin: Issues in regulating blockchain tranactions[J]. Duke LJ, 2015, 65: 569.

[83] LEMIEUX V L. Trusting records: is Blockchain technology the answer?[J]. Records Management Journal, 2016, 26(2): 110-139.

[84] ATZORI M. Blockchain technology and decentralized governance: Is the state still necessary?[J]. 2015.

[85] PETERS G W, PANAYI E. Understanding modern banking ledgers through blockchain technologies: Future of transaction processing and smart contracts on the internet of money[M]//Banking Beyond Banks and Money. Springer, Cham, 2016: 239-278.

[86] ANTONOPOULOS A M. Mastering Bitcoin: unlocking digital cryptocurrencies[M]. O'Reilly Media, 2014.

[87] HOELSCHER J L. Digital currency risks: internal auditors need to advise management on the myriad risks posed by new forms of payments[J]. Internal Auditor, 2014, 71(4): 24-26.

[88] MORABITO V. Business Innovation Through Blockchain[J]. Cham: Springer International Publishing, 2017.

[89] MORABITO V. Digital Currencies and Distributed Ledgers[M]//The Future of Digital Business Innovation. Springer, Cham, 2016: 43-60.

[90] WALTON R E, DUTTON J M. The management of interdepartmental conflict: A model and review[J]. Administrative science quarterly, 1969: 73-84.

[91] DHILLON V, METCALF D, HOOPER M. Blockchain Enabled Applications: Understand the Blockchain Ecosystem and How to Make it Work for You[M]. Apress, 2017.

[92] WATTENHOFER R. The science of the blockchain[M]. CreateSpace Independent Publishing Platform, 2016.

[93] PRUSTY N. Building Blockchain Projects[M]. Packt Publishing Ltd, 2017.

[94] 袁勇，王飞跃．区块链技术发展现状与展望[J]．自动化学报，2016，42(4):481-494.

[95] 孙建钢．区块链技术发展前瞻[J]．中国金融，2016(8)：23-24.

[96] 李鹏飞．基于区块链技术的媒体融合路径探索[J]．新闻战线，2017(15):90-93.

[97] 史强．区块链技术对未来我国高等教育的影响[J]．高教探索，2018(10):5-13.

[98] 张炜，董晓莉．以区块链促进协作保存网络环境下信息资源的可信性[J]．国家图书馆学刊，2018(05):89-98.

[99] 杨挺，赵俊杰，张卫欣，等．电力信息物理融合系统数据区块链生成算法[J]．电力自动化设备，2018(10):74-80.

[100] 周蔚华，杨石华．技术变革、媒体转型及对传媒业的新挑战[J]．编辑之友，2018(10):5-11,16.

[101] 周茂君，潘宁．赋权与重构：区块链技术对数据孤岛的破解[J]．新闻与传播评论,2018，71(05):58-67.

[102] 华南工业互联网产业联盟．钢铁行业：在变化中触摸工业互联网的价值，2019-11-07.

[103] Ian Goodfellow, Yoshua Bengi．深度学习[M]．北京：人民邮电出版社，2017.

[104] 刘大伟．大数据分析在钢铁行业的应用[J]．现代经济信息，2016,14:342.

[105] 刘银山，董效弟．大数据技术在钢铁企业运营中的应用分析：酒钢集团大数据初探[J]．甘肃科技纵横，2015,44(7):30-31,64.

[106] 章红波．工业大数据挖掘分析及应用前景研究[J]．科技创新与应用，2016,24:90.

[107] 郭朝晖．钢铁行业与工业 4.0[J]．冶金自动化，2015,39(4):7-11,44.

[108] 刘智慧，张泉灵．大数据技术研究综述[J]．浙江大学学报（工学版),2014，48(6):957-972.

[109] 袁野．基于 Hadoop 的在线数据挖掘系统的设计与实现[D]．成都：电子科技大学,2016.

[110] 苏树鹏．基于 Lambda 架构的移动互联大数据平台架构的设计与应用[J]．企业科技与发展，2016(6):66-68.

[111] 田璐,齐林海,李青,等．基于 Spark Streaming 的电力流式大数据分析架构及应用[J]．电力信息与通信技术，2019,17(02):27-33.

[112] 孙大为．大数据流式计算：应用特征和技术挑战[J]．大数据，2015(3):99-105.

[113] 赵雪峰．基于互联网企业的大数据分析系统研究[D]．成都：成都理工大学，2016.

[114] Deepak Vohra. Apache Sqoop[M]. Apress, 2016.

[115] Vohra D. Apache Flume[J]. 2016.

[116] 林子雨．NoSQL 数据库[J]．2011.

[117] Karau H, Konwinski A, Wendell P, et al. Learning Spark[J]. 2015.

[118] 王妙琼，马鹏玮，魏凯，等. 工业大数据架构分析[J]. 信息通信技术，2018，03.

[119] 曾忠禄. 大数据分析：方向、方法与工具[J]. 情报理论与实践，2017,01.

[120] 蓝照斌，陈晓祥，史贤林. 基于神经网络的树脂浓度控制[J]. 计算机自动测量与控制，2000，08(2).

[121] 蓝照斌，史贤林，陈晓祥，等. 过程控制技术与石油化工[J]. 金山油化纤，1999,04.

索 引

二画

人工智能

三画

工艺参数
工业数据
工况状态参数
大数据
大数据人才
大数据分析
大数据可视化
大数据存储
大数据发展战略
大数据技术
大数据孤岛
大数据治理
大数据采集
大数据监控
大数据监管系统
马尔科夫模型

四画

化工

井站
无人机搭载检测设备
云计算
云计算系统
云集成技术
专家系统
贝叶斯原理
区块链技术
支持向量机
气田大数据
气田检修
分布式数据集成框架
分散转变

五画

石油石化
电力
电力运维
电力信息系统
电子巡检系统
生产执行系统
加权复杂网络演化模型算法

六画

动设备

机理分析

机器学习

压缩机

传统产业数字化

自动化设备升级

自动故障处理

全局最优解

全球导航卫星系统

合成工艺

多源异构数据

产品生命周期管理

企业信息系统

企业资源计划

关联规则

多目标非线性智能优化

七画

抢单激励

时序数据

时效性

近红外光谱技术

宏基因组数据分析研究

泛在电力物联网

社交网络激励模式

纵向集成

八画

环境管理系统

构效关系

软测量技术

物联网

供应链

供应链管理

实验室电子记录系统

实验室管理系统

炉温软测量

油气开发

注醇量

参与转变

九画

钢铁

故障诊断

相关系数法

研发大数据

研发项目管理系统

钢包监控系统

信息物理系统

信息深度自感知

客户关系管理

前置视频识别与处理技术

前置视频图像智能识别算法

炼油化工

神经网络训练

结构化学

十画

核函数

换热器

特高压输电通道无人机巡检运维模式

射频卡

离散制造

流程工业

流程制造

预测分析

预测装置

十一画

基因组数据分析研究

控制系统

偏最小二乘法

综合自动化控制系统

十二画

遗传算法

智能工厂

智能工厂建设

智能化建设

智能电网大数据

智能生产

智能生产体系

智能生产系统

智能机器

智能优化控制系统

智能决策系统

智能设备

智能制造

智能物联设备

智能建模

智能炼厂

智能监控

智能预报

智能数据库

智慧气田

智慧电网

智慧优化自决策

智慧企业

智慧决策

智慧报警

智慧作业

智慧钢厂

智慧城市

智慧指挥

智慧炼钢

十三画

概率模型

输电线路智能化反外损监控

输电线路精益化运维服务器平台

数字化

数字化转型

数字化油田

数字营销

数据中台

数据共享

数据驱动的输电线路

数据治理组织架构

数据治理框架

数据统计分析系统

数据预处理

数据弱国

数据清洗

数据湖

数据强国

数据集成

十四画

静设备

聚类分析

模型训练

模型体系

模型结构

端到端集成

精准控制自执行

精益化运维

十五画

横向集成

本书编委

中石化上海赛科石油化工有限公司	张晨博士	信息技术部经理 高级工程师
中石化上海赛科石油化工有限公司	黄国杰	信息技术部架构主管 工程师
华谊化工集团华谊信息技术有限公司	蒋若宁	副总经理
国家电网网上海市电力公司检修公司	何冰博士	高级工程师
中石油西南油气田分公司	付新博士	高级工程师
中石油西南油气田分公司	陈林博士	高级工程师
上海工程技术大学	张晓燕博士	副教授
中国化工企业家联合会	蓝照斌	秘书长
上海叔本华智能科技有限公司	高昊博士	总经理
北京中瑞泰科技有限公司	江涛	总经理
中石化上海赛科石油化工有限公司	袁平	信息技术部应用主管
中石化上海赛科石油化工有限公司	朱红燕	信息技术部应用分析员
本书学术顾问		
华东理工大学商学院	李嘉博士	教授

致 谢

  本书编委都是来自高校和流程行业企业和协会的专家，分别是中石化上海赛科石油化工有限责任公司信息技术部架构主管黄国杰、上海工程技术大学张晓燕副教授、中石油西南油气田分公司的高级工程师付新博士和陈林博士、中国化工企业家联合会秘书长蓝照斌先生、华谊化工集团华谊信息技术有限公司副总经理蒋若宁先生、国家电网上海市电力公司检修公司何冰博士、上海叔本华智能科技有限公司总经理高昊博士、北京中瑞泰科技有限公司总经理江涛先生。他们分别撰写了大数据分析技术，大数据分析在天然气开发行业、石油化工行业、化工行业、钢铁行业和电力行业的应用。也要感谢我的同事袁平、朱红燕，他们为本书提供了最新的案例和数据。

  与此同时，非常感谢华东理工大学商学院李嘉教授给本书做了非常宝贵的学术指导。

张晨
2024 年 9 月

读者调查表

尊敬的读者：

  自电子工业出版社工业技术分社开展读者调查活动以来，收到来自全国各地众多读者的积极反馈，除了褒奖我们所出版图书的优点外，也很客观地指出需要改进的地方。读者对我们工作的支持与关爱，将促进我们为您提供更优秀的图书。您可以填写下表寄给我们（北京市丰台区金家村 288#华信大厦电子工业出版社工业技术分社　邮编：100036），也可以给我们电话，反馈您的建议。我们将从中评出热心读者若干名，赠送我们出版的图书。谢谢您对我们工作的支持！

姓名：_____　　　　　　　　　性别：□男　□女

年龄：_____　　　　　　　　　职业：_____

电话（手机）：_____　　　E-mail：_____

传真：_____　　　　　　　通信地址：_____

邮编：_____

1. 影响您购买同类图书因素（可多选）：

□封面封底　　　□价格　　　　□内容提要、前言和目录

□书评广告　　　□出版社名声

□作者名声　　　□正文内容　　□其他_____

2. 您对本图书的满意度：

从技术角度	□很满意	□比较满意	
	□一般	□较不满意	□不满意
从文字角度	□很满意	□比较满意	□一般
	□较不满意	□不满意	
从排版、封面设计角度	□很满意	□比较满意	
	□一般	□较不满意	□不满意

3. 您选购了我们哪些图书？主要用途？

_____

4. 您最喜欢我们出版的哪本图书？请说明理由。

_____

5. 目前教学您使用的是哪本教材？（请说明书名、作者、出版年、定价、出版社），有何优缺点？

6. 您的相关专业领域中所涉及的新专业、新技术包括：

7. 您感兴趣或希望增加的图书选题有：

8. 您所教课程主要参考书？请说明书名、作者、出版年、定价、出版社。

邮寄地址：北京市丰台区金家村288#华信大厦电子工业出版社工业技术分社

邮　　编：100036

电　　话：18614084788　　E-mail：lzhmails@phei.com.cn

微 信 ID：lzhairs

联 系 人：刘志红

电子工业出版社编著书籍推荐表

姓名		性别		出生 年月		职称/ 职务	
单位							
专业				E-mail			
通信地址							
联系电话				研究方向及 教学科目			
个人简历（毕业院校、专业、从事过的以及正在从事的项目、发表过的论文）							
您近期的写作计划： 您推荐的国外原版图书： 您认为目前市场上最缺乏的图书及类型：							

邮寄地址：北京市丰台区金家村288#华信大厦电子工业出版社工业技术分社

邮　　编：100036

电　　话：18614084788　　E-mail：lzhmails@phei.com.cn

微 信 ID：lzhairs

联 系 人：刘志红

反侵权盗版声明

电子工业出版社依法对本作品享有专有出版权。任何未经权利人书面许可，复制、销售或通过信息网络传播本作品的行为；歪曲、篡改、剽窃本作品的行为，均违反《中华人民共和国著作权法》，其行为人应承担相应的民事责任和行政责任，构成犯罪的，将被依法追究刑事责任。

为了维护市场秩序，保护权利人的合法权益，我社将依法查处和打击侵权盗版的单位和个人。欢迎社会各界人士积极举报侵权盗版行为，本社将奖励举报有功人员，并保证举报人的信息不被泄露。

举报电话：（010）88254396；（010）88258888

传　　真：（010）88254397

E-mail：dbqq@phei.com.cn

通信地址：北京市万寿路173信箱
　　　　　电子工业出版社总编办公室

邮　　编：100036